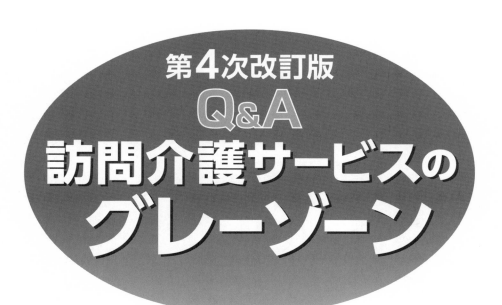

第4次改訂版
Q&A
訪問介護サービスの
グレーゾーン

適正な介護サービス費算定の
ためのガイドライン

茨城県訪問介護協議会 会長 **能本守康** 編著

ぎょうせい

はじめに

　今日の日本は少子高齢化の進展が続いており、加えて新型コロナウィルス感染拡大は、世の中の状況をさらに劇的に変化させました。日本は平成22年から急激な人口減少に転じていますが、さらに追い打ちをかけるように状況の深刻さは加速していくと見込まれます。

　高齢化の進展と人口減少の原因は基本的には同じです。主に少子化がもたらしている現象です。令和2年は、1年間に約137万人が亡くなりました。それに対し生まれた子供は約84万人ほどです。その差は約53万人。就労等で入国する外国人も人口に含まれますが、新型コロナウィルス感染拡大によって国境を越えての移動を制限しましたので、就労外国人などによる人口増はあまり見込めませんでした。そしてこの勢いは今後も止まりません。1億3千万人近くまで増えた日本の人口は、今後急速に減少し、以前の推計では2050年以降には1億人を下回る可能性が指摘されています。しかし、新型コロナウィルス感染蔓延によって、少子化はますます加速し、人口減少はさらに加速する可能性があります。

　そうなると、あらゆる産業構造の早期の変革を余儀なくされます。現在1億2千万以上の人口規模で成り立っている日本の国家は、人口減少に伴う規模の産業構造に合わせていかなければなりません。少子化によって生産世代が減少し、多くの分野で働き手が確保できなくなります。そして社会保障も生産世代の減少から人材と財源の確保がますます厳しくなり、新たな持続可能性の確保に向けた政策転換を余儀なくされるでしょう。

　そのような時代に向かっている中で、介護保険制度も存続に向けた大きな舵を切ることが重要かつ不可欠な時期に差し掛かっています。深刻化する一方の介護人材不足への対策や保険料をはじめとする財源確保策など、政策面では決して明るい未来とはいえません。

　しかし、私たち訪問介護員（以下、ホームヘルパー）は、今後ますます必要とされる仕事であることには違いがありません。高齢化の進展は要介護者の増加をもたらします。国民の意向は、多くが要介護状態になったのちも自宅で生活を続けたいと希望しています。その希望を叶えるためには、居宅サービスの要ともいうべき訪問介護が重要になります。制度の財源確保と介護人材確保の双方が厳しさを増す中で、増加するであろう訪問介護の需要に、どう供給側は対応していけばよいのでしょうか。介護保険制度創設以来21年が経過した今日、私たちは新たな局面にすでに立ち向かっているのです。

　令和3年4月から実施された介護保険制度改正および介護報酬改定は新型コロナウィルス感染防止策や自然災害対策などの必要性もあって、0.7%のプラス改定となりました（令和3年10月からは0.65%）。しかし議論を開始した時点での方向性は、今までになくかなり厳しいものでした。平成31年4月に議論に先立って示された財務省の資料では、毎回ながら財源確保に向けた様々な厳しい施策が提言されていました。その中で、訪問介護に関しては、「軽度者（要介護1および2）」の訪問介護の生活援助を地域支援事業に移行するべきという指摘がされていました。平成18年から創設された地域支援事業において、かつては介護予防訪問介護が訪問型サービスとして移行しました。それに続き、要介護2以下の生活援助と通所介護も地域支援事業へ移行すべきとの見解が財務省より示されています。

その後に始まった社会保障審議会での議論を経て、結果としては財務省の指摘の多くは今回は回避されたものの、既に令和6年次期介護保険制度改正および介護報酬改定に向けた論点として、再度令和4年11月に財務省から同様の資料が示されています。引き続き、財源確保（給付抑制）に向けた議論は継続されていくでしょう。

　一方、介護人材の確保については、減少する日本人のみを対象とした施策では限界であり、今後の方針としては積極的に外国人労働者を活用していくことになります。ここ1～2年は新型コロナウィルス感染拡大の影響を受け、外国人労働者の入国が減少しましたが、制度としてはすでに外国人介護職員は登用されており、施設等で多数働いています。言葉と資格の二重の壁を乗り越えて、感染状況が収束した暁にはさらに大勢の外国人介護職員が誕生していくことでしょう。

　しかし、原状では外国人介護職員が働いている場所は主に施設系の職場です。訪問介護では登用が想定されておらず、今後は訪問介護にもその門戸が開かれていくことを期待しています。「外国人は苦手」という日本人がまだまだ多くいるでしょう。ですが、今後の日本の状況を考えれば、そうもいっていられなくなります。むしろ全産業で外国人労働者を積極活用し、国内におけるグローバル社会・文化の構築を目指すべきでしょう。そして外国人ホームヘルパーが高齢者宅などを訪問する姿も、将来は一般的にみられるようになるかもしれません。

　そしてもう1つ触れておくべきことがあります。人工知能（AI）や介護ロボットの活躍です。中には「介護ロボットに私たちの仕事が奪われるのでは」と危惧している人もいるかもしれません。でも、介護には人と人とが触れ合うことでもたらされる「情動的な作用」が重要です。おそらく人工知能や介護ロボットが、人間による介護と同等の力を発揮できるようになるには、相当の年月を要することでしょう。人工知能や介護ロボットは、人間の作業を効率化させる目的で、あるいは人間の力では負担が大きい、移動や移乗、入浴などの重介護での活躍が期待されています。それは人間が行う介護の一助として活用されるものです。介護の主役は人間です。非常に原始的ではありますが、科学ではできない、人と人とが触れ合うことでもたらされる力、そこに介護の魅力があるのです。そこは私たちホームヘルパーが守り抜いていくべき専門性の領域でもあります。

　だいぶ前置きが長くなりました。そろそろこの本の話に入りましょう。

　今回、『訪問介護サービスのグレーゾーン』を新たに改訂いたしました。この本の発端は10年以上前になります。その当時の出版のきっかけは、ホームヘルパーの方々から多くグレーゾーンについての質問が寄せられたという背景がありました。今でも質問が途絶えません。おそらくこれからもグレーと呼ばれる判断に迷う事例は出てくることでしょう。

　しかし、その時に私はこう書きました。「本来はグレーかどうか、やってよいかダメかは現場で話し合って決めてほしい。早くにその力を身に付けてほしい」と。それから十数年が経ちました。まだ質問が絶えないということは、まだその力が十分に付いていないという見方もできますが、いつまでもこのような「質問に対して答えを出す」というやり方に頼っていたのでは、付くべき力も付かなくなるのではないかと心配もしています。ですから、昨今の制度改正は訪問介護を始めとする支援の意義が問われ続けていることを機会に、前回（第3次改訂版）から「本質論（原点）を基に訪問介護サービスの必要性を考える」というスタイルにしています。社会保障としての訪問介護の原論を基に、

「こういう検討をして訪問介護の必要性を判断していただければ算定しても大丈夫」という学びが得られることを念頭に置き、今回もさらに文字を加えました。

　そして、前回と同様、新たに出されたものも含め、今までに国から出された訪問介護関係の通知等を概ね掲載しました。具体例と共に解釈も加えています。知らなかったでは済まされない重要なものですので、まずはルールをしっかりと理解しましょう。さらに、「自立支援とは」という基本的な概念にも言及しています。平成30年10月から頻回な生活援助を利用するケースについて、ケアプランを保険者に提出することになりましたが、回数の多少ではなく、また身体介護であろうと生活援助であろうと、訪問介護サービスは利用者の自立のために提供されるものでなければなりません。つまり「科学的な根拠がある介護」です。この考え方についてもかなりページを割きました。

　今回はこのような視点から、今まで同様これ1冊で介護保険制度における訪問介護のすべてがわかる内容にしました。これからもホームヘルパーの皆様が、自信をもって、そしてこの仕事に誇りをもって取り組んでいただくための一助になれたら幸いです。

令和5年2月28日

茨城県訪問介護協議会
会長　能本守康

目　　次

第4章　訪問介護事業所より寄せられた事案および解釈　　99

生活援助に関して

〈語句統一使用一覧〉

　本書では、以下の語句について表現方法を下記の通り統一して使用しています。

訪問介護 … 指定居宅サービス種別としての訪問介護を表現するときに使用

訪問介護サービス … 訪問介護のサービス内容（身体介護・生活援助など）に言及するときに使用

訪問介護員 ⇒ ホームヘルパー

居宅介護支援 ⇒ ケアマネジメント

介護支援専門員 ⇒ ケアマネジャー

居宅介護計画書 ⇒ ケアプラン

第 1 章

介護保険制度における訪問介護の役割

第1節　社会保障と介護保険制度の目的（保障の範囲とルール）

　日本にはいくつかの社会保障の制度があります。日本は、福祉財政における対 GDP 比[※] からみても、国際的には決して福祉先進国とはいえませんが、幅広く社会保障の制度で国民は守られています。そもそも社会保障とは、「国民の生活の安定が損なわれた場合に、国民にすこやかで安心できる生活を保障することを目的として、公的責任で生活を支える給付を行うもの」と定められています。

　※　福祉財政における対 GDP 比：GDP（国内総生産）【国内で 1 年間に全産業において生産された額】に対し福祉にどのくらい財源が充てられているか。その国の福祉に対する姿勢の指標ともなる。

この定義の中で重要な点を解説します。

・**生活の安定が損なわれた状態**・・・原因は病気やケガ、要介護状態や障がい、経済困窮や失業などを指しています。
・**すこやかで安心できる生活の保障**・・・基本的には安定していたころの生活を取り戻すことですが、その人によっての生活レベルがありますので、すべてを元の状態に戻すことまでは保障でき

図－1　社会保障の体系

給付の種類／保障方式		現物（サービス）		金銭（現金）
		福祉サービス	医療サービス	
社会保険	医療保険	×	◎	○
	介護保険	◎	○	×
	年金保険	×	×	◎
	雇用保険	×	×	◎
	労災保険	○	◎	◎
社会扶助	生活保護	○	○	◎
	社会福祉　児童福祉	◎	×	×
	社会福祉　障害者福祉	◎	○	×
	社会福祉　高齢者福祉	◎	×	×
	社会福祉　社会手当	×	×	◎

注：基本的な給付に着目して整理。○は給付あり、◎は中心的給付、×は給付なし。
「一般財団法人長寿社会開発センター　八訂　介護支援専門員基本テキスト」から引用

ないと解釈できます。

- **公的責任で**・・・社会保障の仕組みを作るのは国で、運営主体は都道府県や市町村です。
- **生活を支える給付を行う**・・・給付には金銭で給付を行う方法と、サービスなどの現物で給付を行うものがあります（図－1）。介護保険制度は訪問介護などのサービスで給付を行いますので現物給付です。その目的が「生活を支える」ためである必要があります。

　すなわち、社会保障は国民の生活を保障するが、個々人の生活レベルには差があり、そのすべてを満たすことは社会保障としては限界がある、とみなすことが妥当でしょう。

社会保障の1つ、介護保険制度での保障について具体例で考えてみましょう。

　要介護高齢者のAさんは今まで自分で食事を作ってきました。経済的にも恵まれていたため、また海外生活が長かったため、主食はフレンチです。それもそのはず、Aさんは以前、本場フランスでコックとして働いてきました。そんなAさんが要介護状態となり、ホームヘルパーに調理をしてほしいとの希望があります。もちろんAさんの希望するメニューはフレンチ。食材は市場で仕入れて、下ごしらえから手間をかけてほしいとのこと。

　さて、このような依頼に対して、社会保障としてのホームヘルパーは対応が可能なのでしょうか？
　おそらく多くの方が「できません」と答えるでしょう。では「なぜですか？」と聞かれたらどう答えればよいのでしょうか。Aさんにとってはフレンチは日常的な食事です。ですからAさんにとっては毎日フレンチを食べることが「すこやかで安心できる生活」なのです。
　でも、ホームヘルパーのみなさんには違和感を感じていただくことが正解でしょう。何時間かかるかわかりませんが、遠く離れた市場で買い物をして、下ごしらえからすべてを社会保障で支援することはできないと判断するのが妥当です。ホームヘルパーが支援できる食事は、人が健康を保持するために必要な栄養などを確保できることが目的です。肉が嫌いとか魚が好きとかというレベルでの生活習慣は考慮しますが、数時間かけて調理しなければ健康を維持するために必要な栄養を確保できないという解釈にはなりませんので、そのような支援は保障の範疇ではないとみることが妥当なのです。もし、その方がどうしても今まで自分が行ってきたようにフレンチを作ってほしいというのなら、社会保障としてではなく、自費でコックを頼むなどの対応が適切といえるでしょう。

社会保障の現状

　社会保障は日本国憲法第25条にある「国民の最低限度の生活を営む権利」を保障していると解釈できます。この原則をまずは私たちが知っておく必要があります。そして、利用にあたっては利用者や家族にもそのことをわかりやすく伝えておくことが重要になります。つまり、保障には限界があり、利用する側にもルールがあるということです。

日本国憲法第25条【生存権、国の社会的使命】

　すべて国民は、健康で文化的な最低限度の生活を営む権利を有する。
　2　国は、すべての生活部面について、社会福祉、社会保障及び公衆衛生の向上及び増進に努めな

けれればならない。

社会保障のイメージ図

人の生活水準には様々あるが・・・

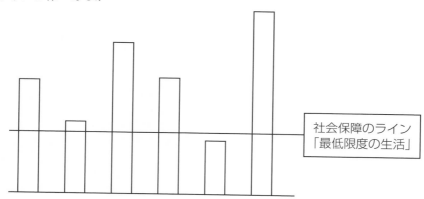

社会保障のライン
「最低限度の生活」

　社会保障の中の社会保険は、その多くの財源を国民からの保険料によって賄われています。しかし保険料だけでは補いきれず、公費（税金）も多く投入されています。公費の財源は主に消費税です。よって、私たち国民は、自ら支出している保険料と税金で自分たちの生活を守っているということになります。この考え方を「共助」といいます。
　現在、日本における社会保障費は年間120兆円を超える勢いで年々増加しています（図−2）。中でも大きいのは年金と医療です。年金は年間で約60兆円、医療は43兆円ほどです。そして福祉は20兆円ほどで、そのうち介護保険は10兆円です。すべてが今後も増加傾向にあります。厚生労働省の試算では、2025年には介護保険の給付費は20兆円になるともいわれています。

図−2　厚生労働省資料

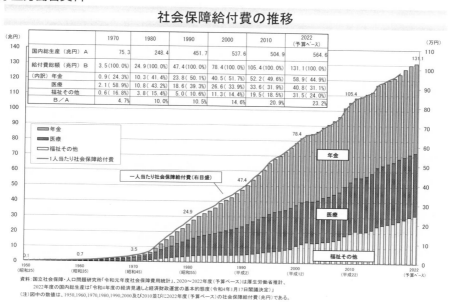

そのために65歳以上から徴収する介護保険料は、毎月の平均額が8000円を超えるともいわれています（図－3）。あくまでも推計ですが、もし実際にこのとおりになったとしたら、高齢者は同様に増加するであろう医療費（国保や後期高齢医療費など）と合わせて毎月平均2万円ほどの支出を強いられることになります。おそらく高齢者の生活はますますひっ迫し、社会保障のために生活困難者が増加するといった本末転倒な世の中になりかねません。ですから、今国民全体が取り組まなければならないことは、給付の削減のための取り組みです。その具体的なこととして1番に挙げられるのが、国民1人ひとりが自分の健康に意識をもっと向かせ、病気にならない、要介護にならない「自助」としての取り組みを行っていくことでしょう。すなわち介護予防です。

年金、医療、介護など、社会保障の多くがかつて経験したことがない苦境に向かっています。私たちは社会保障費から給与を受け取っています。社会保障の中で働く身として、今何をしなければならないのかをしっかりと認識する必要があります。そして行動を示す必要があります。もはやこの状況の中で、もう後がないといっても過言ではありません。「自立支援」と「重度化防止」。基本的なことであり、今まで十分とはいえなかったことを、まずはしっかりと実践していくことです。

図－3　厚生労働省資料

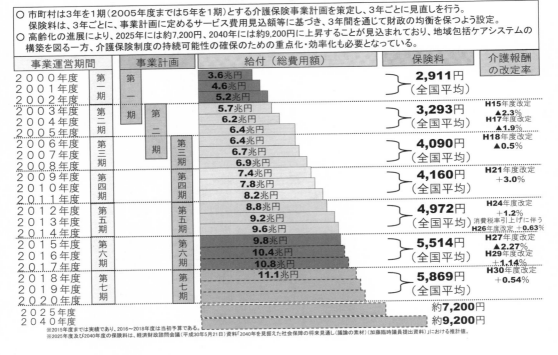

介護保険の現状

では、私たちが直接関わっている介護保険制度の現状を詳しくみていきましょう。

介護保険の要支援・要介護認定者は2000年の制度開始時において約218万人でした。それが2017年度には641万人と約3倍に増えています。この17年間で増えた高齢者は約1.5倍ですから高齢者の増加に対して、要支援・要介護認定者がいかに増えたかがわかります（図－4）。この急激な増加をもた

らした内訳をみてみると要介護3〜5の中重度者はそれほど極端には増加はしておらず、むしろ要支援や要介護1のいわゆる軽度者の認定が急増しています。その背景には、もちろん高齢化の進展があるわけですが、一方で要支援1からの認定が可能な制度設計であることが増加の要因ともいえるのではないでしょうか。

　決して福祉先進国とはいえない日本において、限られた財源で幅広く給付の対象とすることは、理想的ではありますが、費用対効果の観点からは制度設計そのものを根本から見直す必要があるのかもしれません。

図−4　厚生労働省資料

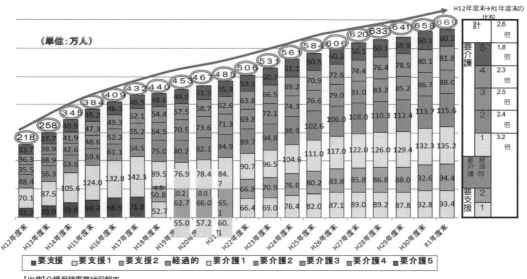

要介護度別認定者数の推移

要介護（要支援）の認定者数は、令和元年度末現在669万人で、この20年間で約2.6倍に。
このうち軽度の認定者数の増が大きい。

（単位：万人）

【出典】介護保険事業状況報告
注）H22年度末の数値には、広野町、楢葉町、富岡町、川内村、双葉町、新地町は含まれていない。

凡例：要支援　要支援1　要支援2　経過的　要介護1　要介護2　要介護3　要介護4　要介護5

　要支援認定の方は、杖や歩行器などで外出が可能であったり、工夫すれば家事も可能であることが多いといえます。しかし、認定を受けることで、何らかのサービスを利用することが想定されます。その代表的なサービスが訪問介護や通所介護だといえます。2006年の制度改正において、それまでの要支援認定が要支援1、2に区分され、サービスも介護予防サービスが新たに体系化されました。その中で特に介護予防訪問介護と介護予防通所介護は多く利用され始めたのです。

　本来、要支援者に対する介護予防サービスは、その名のとおり予防を重視しなければなりません。本人の身体機能の向上はいうまでもなく、環境面の工夫などで外出を継続したり、家事を継続することを目的に提供されるべきものです。しかし実際には、介護予防訪問介護において、ホームヘルパーが家事全般を代行したり、介護予防通所介護において上げ膳据え膳、入浴時の洗身介助などを要介護者同様行うなどが見受けられ、結果的に予防に資するサービスになっていないのではないかとの指摘がなされました。その結果、2015年の制度改正において、介護予防訪問介護と介護予防通所介護は制

度から廃止され、市町村が行う介護予防・日常生活支援事業へと移行したのです（図－5）。

　ところが現段階において全国の実施状況をみるに、多くの自治体が介護予防・日常生活支援事業の訪問型サービスと通所型サービスとして、それまでの介護予防訪問介護と介護予防通所介護の事業所に事業を委託している方法が多数を占め、利用者からしてみれば、あいかわらず同じホームヘルパーが来てくれたり、同じ通所介護に通っていることになり、制度が変わったという認識が薄いのではないかという懸念があります。

図－5　厚生労働省資料

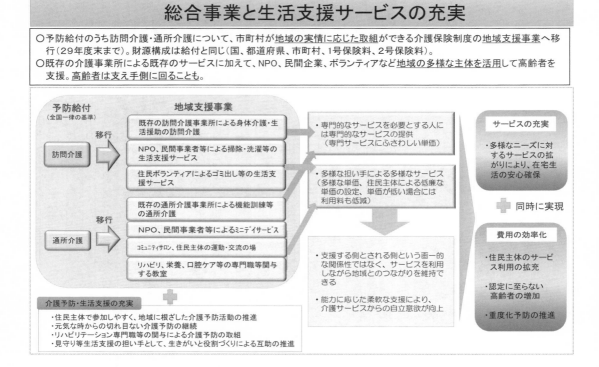

　そもそもこの制度改正は、要支援認定にならない、もしくは要支援認定者をそれ以上悪くしないためのものです。ですから、今までの介護予防訪問介護と介護予防通所介護の事業所に委託するのはかまいませんが、制度の趣旨を事業者、利用者ともに十分に理解したうえで行う必要があります。

　ちなみに次期介護保険制度改正（2021年）に向けて、次のような資料が財務省から示されています（図－6）。

図－6　令和3年4月財政審議会資料

軽度者へのサービスの地域支援事業への移行等

○　要支援者に対する訪問介護、通所介護については、地域の実情に応じた多様な主体による効果的・効率的なサービス提供を行う観点から、地域支援事業へ移行したところ（2018年3月末に移行完了）。
○　要介護1・2への訪問介護・通所介護についても、生活援助型サービスをはじめとして、全国一律の基準ではなく地域の実情に合わせた多様な人材・多様な資源を活用したサービス提供を可能にすることが効果的・効率的ではないか。
○　**要介護1・2への訪問介護・通所介護についても地域支援事業への移行を検討**し、生活援助型サービスをはじめとして、**全国一律の基準ではなく地域の実情に合わせた多様な人材・多様な資源を活用したサービス提供を可能にすべき。**

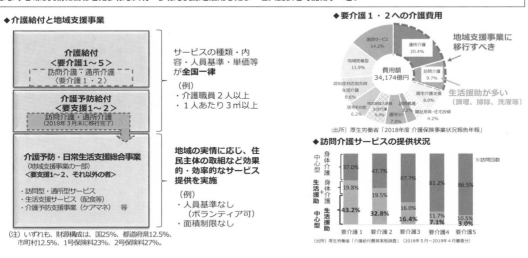

これは、急激に膨大する介護保険財政を抑制するための方策として、前回に引き続き打ち出されたものです。財務省がいう「軽度者（要介護1、2）」の方の訪問介護の生活援助と通所介護を、要支援と同じように地域支援事業に移行しようというものです。前回は回避されました。次期改正の具体的な議論はこれからですが、制度上でも今後、給付抑制のためのさまざまな方策が打ち出されていくことでしょう。

気を付けなければならないのは、給付抑制によってもたらされる現場での影響です。例えば、制度が変わることで、今まで利用していたサービスが受けられなくなる、あるいはサービス内容が変わることで、十分な支援につながらなくなるようなことが起きては、もしかすると自立どころか、重度化してしまうことも考えられます。そうなると、一時の給付抑制はできても、将来的には重度化してしまうことで給付が増大することもありえます。利用者にとっても、いわゆる軽度（財務省は要介護1、2を指す）の時にしっかりと自立支援を受けておけば、それ以上重度化しないとか、改善が図れるなどの効果が期待できます。そのような現場サイドにおける臨床での検証がなされたうえで、制度は変えていくべきといえるでしょう。その臨床での検証ができるのは、私たち支援者なのです。そしてそのことを根拠をもって示していくことが、正しい制度の在り方につながっていくのです。

社会保障はこれからも国民の生活を守るために有効に機能しなければなりません。そのためには、支援する私たちがそのことを身近に認識し、無駄なサービス（給付）をしない、サービス提供によって「自立」という効果をもたらす、そして利用者の生活を今まで同様に継続できるようにする、という基本的なことを確実に実践していくことが求められているのです。

第2節　訪問介護の意義と目的（私たちは何のために訪問するのか？）

『八訂　介護支援専門員基本テキスト』（一般財団法人　長寿社会開発センター）第2巻17頁以降に、介護保険制度における訪問介護についての解説が記載されています。それによると、訪問介護の意義・目的とは、

1．利用者のそれまでの生活習慣や価値観を尊重した生活基盤を整える

2．利用者の生活の自立拡大を図る（自立支援）

3．他者との交流による社会との交わりをつくることで、生きることの喜び・意味を見出し、自己実現を図る

4．健康状態の確認、異常の早期発見、疾病に伴うリスクなど危機の予測を踏まえた介護の提供、予防的な対処により生活の質（QOL）を維持する

5．利用者の状態の変化を発見し、多職種へつなぐ

とされています。これらを解釈してみると次のようなことがいえるのではないでしょうか。

1．に対しては、利用者が以前において（元気だった頃）、どのような生活をしていたのかを理解してから関わる必要がある。そして、その生活を取り戻すことを利用者が希望しているのであれば、その可能性を検討し、可能であれば自らの力で今後においても復活あるいは継続できるようにサービス（ホームヘルパー）は支援する必要があるということ。

2．に対しては、障害に対する「リハビリテーションの視点」[※]から本人が自分でできるように支援していくこと（ＡＤＬの改善）はもちろんであるが、単なる動作の獲得だけでなく、今までの生活の質（ＱＯＬ）の維持を重視すべきであること。そのためには、本人の意欲が重要となることから、コミュニケーション技法を駆使して意欲を引き出すための関わり（エンパワメント）がサービス（ホームヘルパー）には求められるということ。

　※　ここでいう「リハビリテーションの視点」とは、理学療法や作業療法といった機能回復のための訓練治療という狭義の意味での「リハビリテーション」ではなく、リハビリテーションという語源がもつ本来の意味合い（すなわち、「全人間的復権」）としての視点から関わることを指している。

3．に対しては、高齢になり障害を持つことで、生活そのものに意欲がなくなり、精神面の不健康さから新たな疾患が発生しやすくなる。しかし人間は本来、社会的な存在感が必要である。「人のためにある自分」という実感を持ち続けることが生活意欲の維持・向上につながる。そして、人は他人とのコミュニケーションを通して交流することで、自分の存在価値を見出すことができ

る。サービス（ホームヘルパー）は、その役割を持つことを意識して関わる必要がある。つまりコミュニケーション能力の向上が求められる。

4．に対しては、現在の疾患や障害がそれ以上の低下を来さぬように、ホームヘルパーは観察や早期発見に努めるなど、予防を意識した関わりが求められるということ。今般、訪問介護の運営基準に「訪問介護の現場での利用者の口腔に関する問題や服薬状況等に係る気付きをサービス提供責任者から居宅介護支援事業者等のサービス関係者に情報共有することについて、サービス提供責任者の責務として明確化する」ことが追加されたことも、この点に関連している。ホームヘルパーは口腔と服薬以外にも、利用者及び家族の生活全体を見渡し、変化に気づくことが求められている。

5．に対しては、ホームヘルパーは利用者と1番身近な位置にいる専門職であり、状態の変化を早期発見できる立場にある。変化に気づいたら、次への対応（連携）を速やかに行なう必要がある。そしてホームヘルパーおよび事業者は、普段から他職種との連携体制を確保しておくことが重要である。

　連携とは、単に顔が見える関係であることではなく、それぞれの関わる専門職の役割を認識し、その立場の意見を受け入れ、更にホームヘルパーとしての専門的な立場で他職種に意見を述べることができる関係性をいう。つまり、お互いの立場を尊重しつつも、利用者の自立支援のために議論ができる関係をケアチームといい、その関係性を連携という。

という解釈が成り立つでしょう。

　さらに特筆すべきは、これらの意義・目的の中には、1文字たりとも「身体介護」や「生活援助」という言葉が見受けられないことです。つまり、**身体介護や生活援助などの種々のサービスを提供することが訪問介護の本来の意義や目的ではない**ということになります。

　もっといえば、いわゆる「利用者の自立」が1番の目的であり、そのために用いられる方法が「自立支援」です。そのための手段としての具体が身体介護や生活援助などのサービスであり、それらをより効果的にもたらす手段が「相談援助技法（コミュニケーション技法、対人援助技法、接遇など）」といえます。

　私たちが提供するサービスとは手段であり、言い換えれば、利用者の自立をかなえるための「道具」に過ぎないということです。であれば、道具とは何かの目的が明確になってはじめて用いられるものであり、道具を手にしてから使い道に迷うことは道理からすれば変な話です。そして道具をただ利用者に渡しても何の役にも立ちません。道具はそれを使いこなせる人間がいることで有効に機能します。さらに利用者にもその使い方やもたらされる効果を説明することも必要です。それがコミュニケーションです。コミュニケーションと道具がそろって、利用者に効果をもたらすことができるのです。

　ここで肝心なことは、

　　　・利用者に適した道具（支援）を適切に選ぶこと

・実際にその道具（支援）を適切に使える（提供できる）こと

・そのための説明（コミュニケーション）が随時必要なこと

・適さなくなった道具（支援）は交換（サービス変更）する必要があること

・いつまでも道具（支援）に頼らなくても大丈夫な状態（自立した生活）にしていくこと

です。

この考え方を実際の場面で考えてみましょう。

　Aさんはもともと主婦でした。病気で家事が思うようにできなくなり、現在要介護1です。医師からはリハビリの実施と家事動作を工夫すればまたできるようになるといわれています。

★　適切な「道具」はリハビリと家事支援です。

　そこでケアマネジャーはAさんにこれからの生活の意向を確認しました。Aさんは自宅での家事の再開を願っていることがわかりました。それまでの支援について相談し、リハビリを行いながら、自分でできるようになるまではホームヘルパーにも手伝ってもらいながら家事を行うことにしました。洗濯は乾燥機付きの洗濯機があり、買い物は宅配を利用することにしましたので、支援内容は調理と掃除です。

　リハビリに関しては専門職と相談し、まずは筋力をアップするための訓練から開始することにしました。鍋や掃除機などの重さがあるものの扱いを想定して訓練していきます。リハビリでできるようになった動作はケアマネジャーを通してホームヘルパーにも伝えられるようにしました。

★　適切な道具の使い方は、調理と掃除を想定したリハビリで、できるようになったことをホームヘルパーに伝達する仕組みです。

　その際に、リハビリのスタッフはケアマネジャーとホームヘルパーと一緒にAさんの自宅を訪問し、できるようになった動作を実際の調理や掃除の場面で行うための助言をしました。その後もホームヘルパーは、その都度リハビリのスタッフから伝達された内容をAさんにわかりやすく説明をしながら一緒に家事の支援をしました。

★　これが道具を適切に使うための説明です。

　一方リハビリのメニューも包丁の使い方や雑巾のしぼり方など、手指を使った内容に変更されていきます。同様に、ホームヘルパーの支援も、自分でできるようになった掃除機や鍋の扱いから、包丁で野菜を切ったり、雑巾を絞ったりといった細かい支援に移行していきました。

★　これが適さなくなった道具の入れ替えです。

　数か月にわたってこのようにリハビリと訪問介護の連携で支援をした結果、Aさんは簡単な調理や掃除は1人でもできるようになったのです。ケアマネジャーはリハビリを終了し、ホームヘルパーの支援も回数を減らして様子を見ることでAさんから了承を得ました。おそらく次の見直しではホームヘルパーの支援を終了できる予定です。

★　こうしてAさんはいつまでも道具に頼らなくても生活ができるようになっていったのです。

訪問介護の専門性

　社会保障としての訪問介護は国民の最低限度の生活の保障であるとともに、自立した生活の維持・向上のために用いられるものです。そのために専門職による専門技術をもって支援することの必要性が判断されます。では、訪問介護の専門性とは何でしょうか。テキストなどではホームヘルパーの3本柱は「身体介護・生活援助・相談援助」とされています。これらをもって訪問介護の専門性といえるでしょうか?

　同様に自宅を訪問して支援するサービスに「訪問看護」があります。訪問介護も訪問看護も入浴や排泄の介助をします。ですからサービスメニューとしては重なる部分がありますので、それをもって訪問介護の専門性を説明するのは難しそうです。家事支援（生活援助）は訪問介護ならではです。しかし家事は家族も行うことがあります。ですから家事をもって訪問介護の専門性を示すのも難しそうです。相談援助も訪問介護、訪問看護ともに行うものとされています。

　では、看護と介護の違い、医療と福祉の違い、さらには、専門職の支援と家族による支援の違いとは何なのでしょうか。諸説あるでしょうが、筆者の考えは以下のとおりです。

　医療や看護は、病気という「非日常的な状態」に陥った人を、再び日常生活に戻すために支援を行うことに専門性があるといえます。すなわち治療です。一方、福祉や介護は、非日常的な状態から日常生活に戻れた人を再び非日常的な状態（再発や悪化）に戻さないための支援を行うことに専門性があるといえます。すなわち予防です。

　一見、相反する関係にありますが、実際の利用者は病気と日々闘っていたり、再発や悪化の恐れに直面しながら生活をしている人が多くいます。ですから、医療と福祉、看護と介護は両輪で支援を行う必要があり、その間には密接な連携が求められます。それぞれがバラバラな支援を行っている状態では、病院と自宅を行ったり来たりを頻繁に繰り返すことになりかねません。

　訪問介護はその中で、日常としての自宅での生活を継続するための重要な役割を担っています。医療や看護との連携において、またほかの福祉サービスとの連携において、身体介護や生活援助を、コミュニケーションをとりながら有効に機能させながら提供できる点に専門性があるといえます。ですから、特に生活援助においては単なる家事代行ではないといえます。「疾患を悪化させない、再発を防ぐための生活の維持」という専門技術を必要とする場合において生活援助は導入されることになります。そこに家族による支援との違いがあります。

　では、専門性による生活援助の導入が妥当かどうかを判断するためのプロセスを考えてみましょう。

訪問介護の生活援助を導入するまでの検討プロセス

視点として

　現状として家事に課題があると判断された場合において、本人の疾患や身体状況を悪化させないために、あるいは維持・改善を図るために必要な方法を検討する

1. 工夫をすることで本人が自ら実施可能かを判断し、不可能または一部可能、もしくは常に見守りが必要な状態であることが判断された場合

   ［要するに、誰かによる援助が必要であることが判明したことになる］

   ⬇

2. その際に、同居もしくは別居の家族による支援が、継続的かつ安定的に可能であるかを判断する。

   ［可能であれば家族によって対応していただくことを優先する］

   ⬇

3. 家族による支援が不可能または一部可能である場合、それを補うための近隣や友人・知人などの支援が継続的かつ安定的に可能であるかを判断すること。

   ［可能であればインフォーマルサービスでの対応を優先する］

   ⬇

4. 1の状態にあって、2、3の支援が不可能または一部可能（＝不十分）である場合に、それを補うために訪問介護を導入するものであること。

   　ただし、家族や友人などの支援だけでなく、すべてにおいて専門職による技術を要する支援が必要であると判断される場合には、1の状態において優先的に訪問介護を導入すること。

   　また、家事に課題があっても、その支援を行わなくとも本人の健康や身体機能に影響を及ぼさないと思われるものについては、訪問介護の支援は該当しないと判断すること。

　これらの判断を行うのは、まずはケアマネジャーです。ケアマネジャーが行うアセスメントにおいて、利用者が抱える生活上の課題（ニーズ）を明らかにして、その解決のために必要な支援を検討する際に、訪問介護の生活援助が妥当であるかどうかを、例えば上記したようなプロセスで検討することになります。その後、ケアマネジャーはケアプランを作成する際に、利用者の同意に基づいて訪問介護事業所に新規の依頼をしてくることでしょう。ホームヘルパーはケアマネジャーの判断を尊重しつつも、自らが提供することになるサービスが給付目的として妥当かどうかの再度の確認をしてください。

　ケアマネジャーは絶対ということはありません。むしろ訪問介護の専門職の観点から、訪問介護で支援することが妥当なニーズであるかを再確認することは、新規依頼の際などのホームヘルパーとしての役目だといえます。もし、サービスを提供するだけの十分な根拠が見いだせなければ、再度ケアマネジャーと協議してみます。そして、利用者と支援者の双方が納得したうえでサービスを開始するようにしましょう。

訪問介護の運営基準「訪問介護の現場での利用者の口腔に関する問題や服薬状況等に係る気付きをサービス提供責任者から居宅介護支援事業者等のサービス関係者に情報共有することについて、サービス提供責任者の責務として明確化」についての解釈

　平成31年度改定の際に、新たに訪問介護の役割として、訪問中に利用者の口腔状態や服薬状況について気づきがあった場合、ケアマネジャーに報告することが求められました（図－7）。このことは、訪問する目的を問わず、身体介護であれ、生活援助であれ、共通のこととして認識する必要があります。では、実際の現場での対応はどのようにすればよいかを考えてみましょう。

　まず、口腔状態ですが、口腔ケアが目的で訪問した場合は、ホームヘルパーが直接口の中を確認することができるでしょう。その際には、口の中で出血がないか、歯の欠損が進んでいないか、歯周病や口内炎などのトラブルはないかなどを確認しましょう。しかし、直接口腔ケアを行うのでなければ、なかなか口を開けてくださいとはいいづらいものです。そのような場合は、何気ないコミュニケーションの中で、口の動きや、口臭、義歯があっているかなどに気を付けてみましょう。あるいは、義歯が使われずに乾燥しておいてあるとか、義歯の状態が汚れているなど、何か気になったことがあれば、そのことも含めてケアマネジャーに報告することになります。

　次に服薬状況ですが、これも直接服薬介助を目的とした場合には、きちんと服薬しているか、飲み残しや過量に飲んでいないか、飲み方（飲みやすさ）などに問題がないか、などを確認します。また、服薬介助以外での訪問でも、掃除中に床に薬が落ちている、お薬カレンダーを見たら昨日の薬が残っている、整理整頓をしていたら残薬がたくさん見つかったなど、すべて情報として報告しましょう。

　口腔状態と服薬状況についての報告は、ホームヘルパーが直接ケアマネジャーに報告しても構いませんが、基本的にはサービス提供責任者にまずは報告し、サービス提供責任者の判断でケアマネジャーに報告することになります。ケアマネジャーはその報告を受けた後、必要に応じ、しかるべき専門職にその情報を伝達することになります。具体的には、口腔に関する情報は歯科医師や歯科衛生士に、薬に関することは医師や薬剤師などに報告することになります。

　さらに、今回基準に定められた内容は口腔と服薬のみですが、その理由として、口腔状態の悪化から栄養不良などによって様々な全身状態に影響を及ぼす可能性が高く、また、利用者は疾患を患っていることが多いことから、服薬を守ることによって疾患の改善を図るためにも、この2つの視点が重要であるためです。しかしホームヘルパーは、利用者や家族に起こりえる様々な変化に気が付くことが重要になります。そしてそれらの情報も、なるべくサービス提供責任者に報告するようにしましょう。サービス提供責任者は、同様に必要に応じケアマネジャーに報告することになります。

図－7　厚生労働省資料

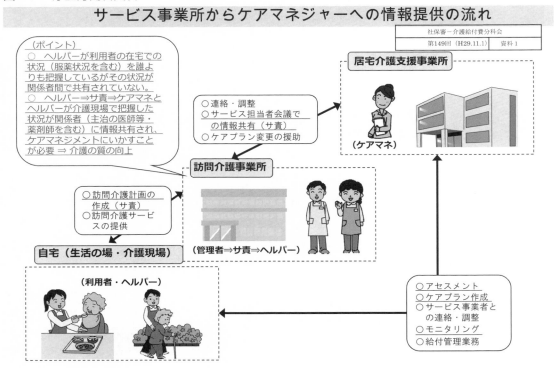

第3節　自立支援とは？（自立って何だろう？）

　私たちの支援の目的は自立支援を行うことです。要介護状態になっても生きていく。それは辛いことでもあり、しかし現実でもあります。悲観的に過ごしても、意欲的に過ごしても同じ時間の長さを生きていくことになります。であるならば、これから過ごす人生の時間を、少しでも身体を改善して、楽しみや喜びや、人とのかかわりなどを実感しながら生きていくべきではないでしょうか。それは私たち支援者が決めることではありません。必要であれば相談には応じますが、本人が自分で決めたこれからの人生に向けて、私たちは支援することになります。

　利用者の望む暮らし（目標）を叶えるために、私たちはサービスを提供して目標にたどり着くための力を加えます。ここで留意したいのは、「目標」は利用者のもの、それを叶えるために支援するのが私たちの「目的」だということです。ですから利用者の自立という目標に向けて、私たちは側面から自立支援を行うことになります。

では、「自立」という概念を私たちはどうとらえればよいのでしょうか。

　自立の意味は国語としては「自分で行動する」とか「自分で行いたいことを行う」などの意味があります。すなわち行動や動作を自分で行うことです。私たちの専門用語でいえば「ADL（日常生活動作）」が該当します。このことをもって自立を支援するとなると、叶わない方が出てきてしまいます。何らかの障がいや疾病によって体が動かない方は、動作を行うことができません。このような方

には自立支援ができないことになってしまいます。自立支援は全ての方に該当する概念です。では、この自立をどうとらえればよいのでしょうか。

国語の意味でいえば、ほかにも「自律」という言葉があります。この言葉は、「自分で判断したことを、そのとおりに行うこと」「自分の生活を自分で決め、それを遂行すること」などの意味になります。すなわち、自分の人生や生活をどのようにしたいかを決めて、そのとおりに生きることという意味になります。もっと具体的にいえば、今日は何を食べるか、今日はどの服を着るか、今日はどこに行きたいか、といったことを自分で決めてそのとおり実行できることが自律です。

私たちは普段、自律という言葉を支援においては使いません。しかし、自立支援という意味は、自律の考え方も含めて支援することになります。この考え方で捉えれば、障がいや疾病によって体が動かなくても、自分がこれからどのように生きていきたいかを決めることは可能であり、それを支援することでその方の自立につながることになります。自立支援は国語の意味でいう「自立」と「自律」を両方含めて支援することと解釈できます。そして、どちらも重要なのですが、強いていうなら、たとえ体が動かなくても自分の人生を自分で決めるという点において、自律をかなえる意味に重きが置かれるのではないでしょうか。すなわち「QOL（人生の質）」の維持・向上です。

いくつかの具体例で考えてみましょう。

Bさんは障がいがあります。ある日、久しぶりに友人に会うために着替えをして外出の準備をしていました。いつもは1時間ほどかけて自分で着替えています。その日も、出かける時間から逆算して着替えを始めました。ところがその日は体調が思わしくなく、いつもの時間をかけても着替えることができませんでした。結果、友人との待ち合わせの時間に間に合わず、その日は友人に会うことができませんでした。

次の日、その事情を知った友人が再度会うことを約束し、同じ時間に同じ場所で待ち合わせることになりました。Bさんは昨日の失敗を繰り返さないために、ホームヘルパーを臨時に頼み、着替えの介助をしてもらいました。結果、友人との待ち合わせに遅れることなくたどり着くことができました。**では、1日目のBさんと2日目のBさんでは、どちらが自立した生活といえるでしょうか？**

1日目のBさんは、時間をかけても自分で着替えをするという点において「自立」を心がけています。ですから、結果はともあれ1日目の方が「自立」しているという見方もできます。しかし、友人には会うことができませんでした。その点においては「自律」は果たせませんでした。

2日目はホームヘルパーによって着替えをさせてもらいました。時間をかければできることを支援で補ったという点においては「自立」していません。しかし、その結果、友人と会うことができました。よって「自律」は果たせたことになります。

この両方を比較した場合、どちらが私たちの使う意味における「自立（すなわち、自立と自律）」した生活なのでしょうか。意見が分かれるところかもしれませんね。

Bさんにとって着替えは友人に会うための準備であり、それ自体が生活上の目標ではありません。言ってみれば外出するための手段です。あくまでも目標は友人に会うことでしょう。であるならばその目標を叶えるためには着替えに関しては確実な方法を選択し、ホームヘルパーの介助を受けてもよいのではないか、という考え方も成り立ちます。

友人に会うという「自律」のために着替えを介助することが「自立支援」と解釈できます。

もう１つの例を示してみましょう。

　Ｃさんは難病のALS（筋萎縮性側索硬化症）です。妻と２人暮らしです。病気が徐々に進行し、先日、自宅で食事を詰まらせて救急搬送されました。幸いにも一命はとりとめましたが、医師からはもう経口摂取は難しいといわれてしまいました。本人、妻とも悩みましたが、医師の勧めで胃瘻を造設しました。また、呼吸苦もあったことから、気管切開をしてレスピレーター（人工呼吸器）も装着しました。変わり果ててしまった夫の姿に妻は動揺しましたが、退院許可が出たことから自宅に帰ることにしました。

　自宅では、医療体制を整え、さらにホームヘルパーによる毎日の保清などの支援が開始されました。ケアマネジャーはケアプランにおいて本人の意向を自立支援の観点からどのように位置づけたらよいのか迷いました。もう眼球で意思を伝達する以外、何もできない状態になっていたのです。

　ある日、ケアマネジャーが訪問した際に、妻が玄関先でケアマネジャーに次のような言葉をもらしました。「夫はこんな体になってしまいましたが、もし夫がこの家からいなくなったことを想像したら、私はさみしくて生きていけません・・・」。ケアマネジャーは「それだ！」と気が付きました。本人はもはや何もできなくなって、ただベッドに横になっているだけでも立派に妻を支えているのだと気づかされました。そしてケアプランには「１日でも長く妻を支え続けたい」と記載し、本人に見せたところ瞬きをして同意してくれました。

　この事例においては、何もできない夫が、「自立」ではなく「自律」において生きる意味を感じているということにケアマネジャーは気づいたということです。ですから、そのことを維持していくことが「自立支援」につながるのです。

では、もはや意思表示ができない状態の利用者には自立支援は可能なのでしょうか。

　Ｄさんは、認知症が進行してもはや意思表示もままならない状態です。問いかけに対して明確な返事をすることもできなくなってしまいました。いままでは別居の家族も協力的で、交代で介護してきましたが、今回初めて介護保険での支援を依頼しました。そこで支援者たちはＤさんの支援計画を立てることになりました。しかし、本人から意向を聞き出せないため何を目標に支援をしたらよいのか見出せません。食事量も減って、何もしなければ寝たきり状態です。このままでは、やがて床ずれもできてしまうでしょう。そこで支援者たちは家族も交えて、「もしＤさんが話せたら何を希望するだろうか」という観点で話し合いました。

　家族からは、以前は庭で草花を育てるのが趣味だったこと、小さいが家庭菜園も行っていて、葉物を育てては妻がおひたしにしてくれたものを食べるのが楽しみだったこと、女性の演歌歌手が好きで、いつも縁側で庭仕事をしながら口ずさんで聴いていたこと、などがわかりました。

　さっそく、支援者たちは日課として天気が良い日は車いすに移乗させ、縁側で好きな演歌を聴きながら庭を眺めること、食事量は減ってきているが、なるべく葉物のおひたしを提供すること、できれば家族が引き継いだ菜園で咲いた草花を手に取らせてみること、などを計画しました。そして、自宅が好きでいつも口癖のように「旅行よりも家にいたい」といっていたこともわかり、このまま可能な限り自宅での生活を継続したいという意向も支援者間で共有しました。

　その後Ｄさんは、表情も穏やかになり、庭に向けて視線を送るなど、幾分身体状況も改善したように見受けられました。

本人が意向を表明できない場合には、以前の生活歴などの情報を参考に、もし意思表示ができたなら何を希望するだろうかという観点から自立支援を行うことが重要になります。

最後に、前向きな意向が示せない人への自立支援を考えてみます。

　Ｅさんは２か月前に脳梗塞になり今は自宅で療養をしています。右半身麻痺の後遺症があります。Ｅさんは周囲の人にいつも「死にたい」ともらしています。支援者も、訪問するたびに「死にたい」と聞かされるので励ましたり慰めたりしていますが、一向に変わる様子はありません。かといって自殺してしまうような行為もないため、Ｅさんがなぜ死にたいと繰り返しているのかが理解できませんでした。

　ある日、親しい友人が見舞いに訪れました。ちょうどその時訪問していたホームヘルパーに対して、Ｅさんは「会いたくないから帰るように伝えてほしい」と頼みました。とりあえずその場は友人に引き取ってもらい、その後ホームヘルパーはＥさんに理由を尋ねました。するとＥさんはもらすように「あいつには今の俺の体を見せたくない・・・」といいました。訪ねてきた友人は、どうやら最近まで一緒に釣りに行っていた親友のようです。それだけに、もう釣りに行けないという無念さや元気な自分に戻れないという虚しさなどが交錯して「死にたい」という言葉になって表出されていることに気づきました。

　その後支援者たちはそのことを共有し話し合いの場を持ちました。医師やリハビリ職にも相談し、麻痺をなくすことは難しいが、釣り場に行くことは可能ではないか、援助があれば釣りも再開できるのではないか、という見立てで一致しました。

　さっそくケアマネジャーはＥさんに対して、「また釣りに行ってみませんか」と投げかけてみました。Ｅさんはあっけにとられていましたが、しばらくして「できるかなぁ・・・」とつぶやくようにもらしました。ケアマネジャーは「約束はできませんが、主治医もリハビリの先生も可能性はあるといっていました。あとはＥさんの気持ち次第です。」と告げると、Ｅさんは「試してみたい。」といいました。

　それ以降は、Ｅさんは「死にたい」とは一言もいってません。それどころか、リハビリにも励み、家の中の生活はおおむね自分でできるようになりました。親友の見舞いも受け入れるようになり、どうやら２人の間で釣りの再開の予定を話し合っているようです。

　死にたいなどの希死念慮や不定愁訴は、現状の受け入れができていない場合や、過度に落ち込んだり、あきらめてしまっているときに表出されます。しかし実際にはどうなのか、以前の生活を取り戻す可能性はないのか、などを専門職間で話し合い、本人の意欲を向上させるきっかけを探り、自立支援に結び付けていくことが重要です。

第４節　自立支援のためのサービスのあり方（変える・減らす・終わらせる）

　サービスは自立のために提供することはご理解いただけたかと思います。しかし自立した状態はすぐには取り戻せない場合が多くあります。時間をかけて、場合によっては一進一退を繰り返しながらたどり着くものかもしれません。予定した目標までたどり着けないこともあるでしょう。あるいは、

予定したよりも本人が威力を発揮し、早く達成したり、目標以上の効果をもたらすこともあるかもしれません。

　いずれにしても、サービス開始後は目標に向けた支援の効果を測定し続けることが必要です。そして計画どおりにサービスが提供されているか、サービス内容が利用者の状態や生活の状況に沿ったものになっているか、本人の気持ちに変化が生じていないかなどを確認することも求められます。

　サービスによってもたらされている効果や状態の変化などを測るのは、ケアマネジャーやサービスを提供する私たちです。本人自らや家族による測定も重要ですが、やはり専門的見地からの効果測定が重要になります。そしてもし計画どおりに進んでいないとか、状況に合っていないようなことであれば、即刻サービス内容を見直す必要があります。計画に沿っていないサービスや本人の状態に合っていないサービスは、提供し続けることで自立から遠ざかっていきます。それどころか、本人の状態に合っていないサービスは本人の状態を悪化させかねません。ですから早急な修正の対応が求められるのです。

　例えば、車いすを使用している利用者が、リハビリによって歩けるようになったのにもかかわらず、生活場面ではいつまでも車いすを使用し続けることで、実際には歩くようにはなりません。また、排泄の自立を希望しているのに、いつまでもオムツを使用していては、排泄の自立は叶えられません。サービス開始時は車いすやオムツを使用していても、どのタイミングでそれらを手放すかをあらかじめ計画しておき、その状態に達したタイミングで車いすやオムツはサービスから外していくことの対応が必要です。その判断は、ケアマネジャーだけではなく、実際に車いすやオムツを使ってサービスを提供している支援者側の判断がとても重要になります。

　そもそも社会保障の給付は、年金を除き継続して受けることは喜ばしいことではありません。特に医療や介護は、できれば使わないほうがよいものです。しかし、人々はいつ自分が病気になるかもしれません。あるいは介護が必要になるかもしれません。ですからその時に備えて、毎月それぞれの保険料を負担しています。

　よく、「元を取る」といいますが、医療や介護は率先して元を取りに行くよりも、なるべく使わないほうが幸せです。でも、病気になってしまったときに、人は早く病気を治して健康な生活を取り戻したいと思うでしょう。その時には医療保険を使って治療に専念するべきです。同じように介護が必要にならないよう、日々健康的な生活を意識して、介護予防を図ることが重要ですが、介護が必要な状態になってしまったら、躊躇せずに介護保険を使って、可能であれば要介護状態から脱却して健康な日常生活を取り戻すことが幸せです。

　このように、医療保険や介護保険はなるべく使いたくないものであり、使う必要性があれば遠慮なく使うべきですが、なるべく使わなくてよい状態を目指すべきものでもあります。そうはいっても、医療は治療の終了と共に利用しなくなることが多いですが、介護保険は要介護状態が長期間にわたって継続することが多いため、なかなか「終了」することが難しいともいえます。それでもなるべく介護保険に頼らない生活を目指すことが重要です。

　現場から聞こえてくる声として、ちょっと残念なことですが、要介護認定が更新されたとき、介護度が重くなると喜び、軽くなると残念がる、ということを耳にします。おそらく利用できる枠が増えたり減ったりすることからくるものでしょう。さらにサービス利用に関しても、「また行きたいデイサービス」とか「行って楽しいデイサービス」などのうたい文句が聞かれ、一部にはデイサービスの

レジャーランド化が進んでいるようです。

　先にも述べたように、介護保険はなるべく利用しないほうがよい社会保障なので、どんどん使いたくなるような誘導は慎むべきだと思います。もし、また行きたくなる、回数を増やしたくなるほど利用者が元気になったのなら、介護保険サービスに代わる新たな集いの場を創設するとか、今までの生活において行っていた日常生活上の活動や参加に戻すべきです。

　今までは大目にみられてきたことであるならば、今後はそのような介護保険の給付は改善されなければなりません。そういった意味において、私たちが提供する介護保険の給付としてのサービスは、「変えるべきもの」「減らすべきもの」「終わらせるべきもの」といえます。

　例えば、「変える」とは、全介助を一部介助に、「減らす」とは、毎日から週3回に、「終わらせる」とは、私たちのサービスを利用しなくても生活が継続できるようになることです。もちろん、状態が悪化してサービスを増やさなければならない人はいます。最期までサービスを継続する必要がある人もいます。ですから、全ての利用者にこのことを当てはめることはできません。しかし、変えることができるのに、減らすことができるのに、終わらせることができるのに、そうしていない現場があったとしたら、これは給付費の無駄遣いであり、利用者の自立の妨げ以外の何ものでもありません。

　では、どうやって変えたり減らしたり、終了させればよいのでしょうか。詳しくは第2章のケアマネジメントの中で説明しますが、サービスの追加や削減などの変更は、すべてケアマネジメント・プロセスによって判断する必要があります。ホームヘルパーが現場で決めたり、ケアマネジメントの手続きをせずに勝手に変えたりしてはいけません。基本的にはケアマネジャーを通して、利用者や家族も含めたケアチーム内で協議して決めていきます。

　例えば、通所にてリハビリテーションを続けてきた結果、歩くことができるようになった利用者が、自分でトイレに行けるようになったため、それまで自宅でホームヘルパーの移動介助を受けてきたのですが、もう支援がなくても大丈夫な状態になったとします。そのことを、通所リハビリテーションの理学療法士などからケアマネジャーは報告を受けます。ケアマネジャーは、ホームヘルパーにも介助の状況を確認します。ホームヘルパーからも、最近介助しながら、そんなに体を支えなくても歩行が安定してきたことの報告がありました。これまでもリハビリの進捗状況を三者間で共有してきましたので、少しずつ本人の歩行能力を活用したトイレ介助に向けて変更を重ねてきました。そして、今回もケアマネジャーと理学療法士も同席して、自宅での歩行の様子をホームヘルパーが介助を行う場面で確認しました。本人の不安や自信の程度も確認し、協議した結果、来週からホームヘルパーの介助を終了し、通所リハビリも機能訓練型の通所介護（デイサービス）に切り替えていくことで同意が得られました。さっそくケアマネジャーは通所介護事業所を利用者と一緒に調整し、ケアプランの作成に取りかかりました。

　これは素晴らしい自立支援の一場面です。このように、サービス内容や量を変更する場合には、そのサービスに関連している他のサービスとも協議し、利用者の同意の上で行っていくことになります。

　念のため申し添えておきますが、介護保険制度は民間事業者の活力を大いに取り入れています。その理由は事業者間でお互いに競合し合うことで、質の向上が期待でき、またサービスの供給量も確保できることから導入されたものです。もちろん契約の仕組みですから、そこに責任も担保されます。しかし、介護保険サービスはいってみればビジネスです。事業者は1人でも多くの利用者を獲得し、

利益を上げることを目的とした事業者も多くあります。それ自体は決して悪いことではないのですが、肝心なことは自立支援の観点から適切に事業運営を行っているかです。もし、利用者が自立したにもかかわらず、事業者の都合で、サービスの変更をしなかったら、それは介護事業者としての資質がないことになります。

　仮に、「収入が減ってしまうからサービスを変えたり減らしたり、ましてや終わらせるなんてことはしない」などという考えの事業者があったなら、その姿勢はケアマネジメントのケアチームから周囲に知れ渡ってしまいます。そうなると、今後はその事業者が利用者に選ばれることはなくなるでしょう。

　逆に、ケアマネジメントにおいて連携を図り、サービスを適切なタイミングで変えたり、減らしたり、終わらせることができる事業者は、ケアマネジメントにおいて適切な評価を受けることになります。つまり優れた事業者として評価され、次の新規などで利用者に選ばれる可能性が高くなります。1件の利用者から得られる収入にしがみつくより、その利用者を自立に導き終了させるほうが、結果的に新たな依頼が増え、収入も増えていくことになるでしょう。そういった意味においても、ケアマネジメント・プロセスの仕組みは介護保険制度の適正な運営を可能にする仕組みともいえます。

第 2 章

ケアマネジメントの中の訪問介護

第1節　ケアマネジメントとは？（なぜ必要か？）

　介護保険制度はケアマネジメントの実施が義務づけられています。ケアマネジメントとは、『**ケア（≒本人および家族の生活を支える保健・医療・福祉サービス全般）を管理・運営すること**』で、利用者に自立という効果・結果をもたらすための仕組みです。介護保険制度や障害福祉制度において、サービスはケアマネジメントを実施したうえで利用することになっています。

　ケアマネジメントと聞くとケアマネジャーの業務と思われがちですが、実際にはケアマネジャーを中心に、関わる専門職によって「ケアチーム」を形成し、多職種が協働して支援を行っていきます。これを「チームアプローチ」といいます。ケアチームに関わる職種は、ケアマネジャーをはじめ、保健・医療・福祉の専門職ですが、あくまでも主役は利用者です。さらには家族にもケアマネジメントの仕組みを理解していただき、チームに参加していただくことが望まれます。利用者・家族は「ケアを受ける人」ではなく、「ケアを実践する当事者」でもあることが自立への効果・結果をもたらすためのカギとなります。

　ケアマネジメントには、サービスを提供するまでの支援の流れ（方法）が決まっています。詳細は第2節で説明しますが、簡単にいうと、まずは利用者や家族が置かれている状況を把握します（インテーク・情報収集）。次にその状況において何が生活を営む上で問題になっているかを明確にします（アセスメント）。その上で支援（サービス）の必要性を判断し、そのサービスを活用することでどのような効果が期待できるか、そして利用者が希望する生活がどのような経過をたどって獲得されていくのかなどの根拠を示します（ケアプランの作成）。その後、利用者、家族と関わる専門職を集め、ケアプランについて妥当性を検討します（サービス担当者会議）。全体の合意が得られたら、利用者や家族に一連の過程を説明し、同意を得ることによって初めてサービスが実施されることになります（ケアプランの実施）。

　もし、ケアマネジメントを実施せずに、いきなりサービスを提供した場合にはどうなるでしょうか？

　1人暮らしの高齢者Fさんは、妻を亡くしてから身の回りのことがおっくうになり、歯磨きを怠るようになりました。すると口の中の状態が悪化して、やがて歯周病や虫歯になり、歯が何本も抜けてしまいました。それからは食事もあまり食べられなくなり、低栄養状態になりました。歩行もふらつくようになり、やがてトイレにも間に合わない状態になりました。困ったFさんは、親しい同年

代の友人に電話をかけ相談しました。

　友人はかつてヘルパーの研修を受けたことがあり、介護保険制度を申請するように勧めましたが、役所の世話にはなりたくないと断りました。その代りに、Ｆさんは経済的には恵まれていたため、友人にお金を払いトイレ介助を依頼しました。しかし、Ｆさんの体は徐々に弱っていき、やがてトイレに行くのもつらくなりました。そこでＦさんは友人にポータブルトイレを買ってくるように依頼しました。友人はインターネットでポータブルトイレを購入し、介助を開始しました。でも、さらに状態は低下し、やがてＦさんはベッドから起き上がることも辛くなり、友人にオムツを買ってくるよう頼みました。友人は依頼どおり紙おむつを購入し毎日オムツ交換を手伝いました。ところが気が付くと仙骨部に床ずれが発症しています。さらに、みるみる痩せていき、最終的には友人が救急車を呼び、入院することになりました。

　ケアマネジメントを通してＦさんを支援するとどうなるでしょうか。トイレに間に合わなくなって友人に相談したところから辿ってみましょう。友人はヘルパー研修の時の講師を務めたケアマネジャーを思い出し連絡してみました。するとさっそくＦさん宅に来てくれ、介護保険制度を申請してきちんと計画を立てた上で支援することの重要性を説明しました。いまは行政の世話ではなく、制度は市役所に申請するけれど、サービスを提供するのは私たち事業者であることを納得していただきました。そして要介護認定の申請を行ったＦさんは、そのケアマネジャーがこれからも担当してくれることになり、早急に支援が開始されました。

　まず、ケアマネジャーがうまく歩けなくなってきた状況を確認したところ、食事を十分にとれていないことに気づきました。その原因をさらに探っていきます。また会話の中で歯が抜けていることや口臭が気になることをケアマネジャーは把握しました。念のため口の中を確認させていただき、口腔状態が劣悪であることにたどり着きました。歯磨きなどの口腔ケアについて確認すると、妻を亡くしてからは何もかもがおっくうになり、歯磨きもしなくなったとのこと。ケアマネジャーはおおよその原因が把握できました。

　その後、かかりつけの内科医や以前かかったことのある歯科医とも連携し、完全に低栄養状態であることが指摘され、また、歯科受診が必要であるが通う体力もないことから、訪問歯科診療で対応することを調整しました。その間、訪問介護では噛まなくても食べられ、なおかつ栄養価の高い調理を依頼しました。また排泄はポータブルトイレも併用しながら、並行してリハビリテーションを導入し歩行の改善を短期目標にして、やがてはトイレの自立を長期目標にしました。ケアマネジャーは早急にケアプランを作成し、支援者を招集してサービス担当者会議で状況と目標を共有しました。そして支援が開始されました。

　訪問歯科診療にて口の中が改善されたＦさんは、食事形態も常食に戻り、リハビリテーションも効果をみせ、ポータブルトイレも使用せずに済むまでに体力が回復しました。それ以降は特に支援がなくても自分で生活が継続できるようになり、定期受診を残し、そのほかの支援はいったん終了になりました。その後も友人は時々Ｆさんを訪問して生活状況を把握しています。もしも再度問題が発生した際には、ケアマネジャーに連絡できるよう関わりを継続しています。

　ケアマネジメントは必要なケアを調整する機能です。支援（サービス）はケアマネジメントを通し

て決定され提供されるものです。その目的は自立支援です。ですから、ケアマネジメントを通さずに提供されるサービスには自立的な効果は期待できません。ケアマネジメントは、利用者が置かれている状況の原因を探り、何を優先的に支援するべきか、そのための手段はどのようなものがふさわしいか、期待される効果はどこまであるか、再発を防止するための手立ては何が必要か、などを総合的に判断します。ケアマネジメントの一連の考察はいわばケアの設計図のようなものですので、それ自体にはよって何かの効果がもたらされるものではありません。しかし、ケアマネジメントによる検討がなければ、ただサービスを使っても効果がもたらされないということになります。

であれば、ケアマネジメントは、自立するための適切なサービス利用には欠かせないプロセスであるということになります。

第2節　具体的な業務の流れ（これを知らないと何も変わらない）

ケアマネジメントには実施するうえでの流れが決まっていることは上述しました。私たちはこの流れに沿って業務を行うことになります。もし、この流れを知らなくても、私たちはこの流れに流されて仕事をすることになります。流されて仕事をするのは何かあまり良い気持ちはしませんね。できればこの流れを作るほうになりたいものです。流れを作るとは、ケアマネジメントが有効に機能しているかを常に把握し、もし流れがほかの方向に行きそうになっていたり、流れが止まっているようなときに、正しい方向へ流れていくように促すことをいいます。この役割はホームヘルパーにとっても重要なものです。では、このケアマネジメントの流れ方について説明しましょう。

ケアマネジメントの流れのことを「ケアマネジメント・プロセス」といいます。ケアマネジメント・プロセスを図で示したものが下記のものです。

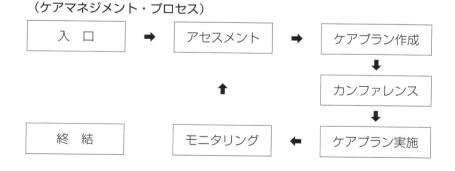

（ケアマネジメント・プロセス）

このプロセスを個々に説明しましょう。

1. 入 口

利用者との出会いの場面。介護保険の申請および認定がなされ、いよいよケアマネジメントが開始される段階です。

まず、ケアマネジャーが訪問・面談にて受付・インテーク（情報収集）を行います。収集する情報は、基本情報や病気に関すること、生活上の情報などです。その後、訪問介護事業所に依頼があった場合には、ケアマネジャーから収集した情報が伝達されますので、訪問介護事業所はそれ以外の、サービス提供に関し必要な詳細な情報を直接収集することになります。新規や退院時などで、一斉にサービスを開始する場合などは、多職種（他サービス）の度重なる受付訪問・情報収集によって、利用者や家族が受ける負担に配慮して行うことが重要ですので、事業所間で共有できる情報は事前に共有しておくなどの配慮を行います。

2. アセスメント

課題分析ともいいます。インテークにおいて収集した情報を分析し、顕在化された課題（ニーズ）や潜在的な課題を抽出し明確にします。利用者の口から表出された要求や困りごと（デマンズ）の奥にある、問題の核心や原因を明らかにし、その解決策を考えていく作業です。ケアマネジャーは「アセスメント・ツール（ソフト）」を活用しますが、訪問介護事業所は利便的なツールが少ないため、ケアマネジャーのツールを活用するなどして実施するとよいでしょう。ケアマネジャーが行うアセスメントは利用者の身体や家族も含めた生活全般について行いますが、訪問介護事業所が行うアセスメントは、訪問介護にて支援する項目についてのみ行うことでよいでしょう。

3. ケアプラン作成

アセスメントによって明確になった生活上の目標（望む暮らし）と課題（ニーズ）に対し、それらを計画的に解決していく手順を示します。解決までには時間がかかるので、それぞれのニーズに対し「長期目標」と「短期目標」を立てていきます。そしてそれらの目標は本人の力によってかなえていくことを基本としますが、その際に手助けとして用いられるのが介護サービスです。それらの役割と提供量などもケアプランに示しておきます。ケアマネジャーはすべてのサービスを網羅した総体的なケアプランを立て、訪問介護事業者は、訪問介護サービスを必要とするニーズについてのみ「訪問介護計画書」を作成します。作成するのはサービス提供責任者です。

4. カンファレンス

ケアマネジメントは「チームアプローチ」で支援することはすでに述べました。ケアマネジャーや主治医、各サービス担当者、家族、そして主役である利用者が一丸となって目標に

向け協働で進めていくものです。そのためには、利用者や家族に関する情報や目標などをあらかじめ共有しておくことが必要となります。そのための場がカンファレンス（介護保険制度などでは「サービス担当者会議」という）で、通常はケアマネジャーが招集します。訪問介護は、チームの中でも自宅で支援を行うという特徴から、特に重要な意味を持ちますので、必ずカンファレンスに参加することを心がけてください。そして、利用者の生活を支援する専門職としての視点からの発言を心がけましょう。なお、訪問介護事業者の立場で、入口（受付、インテーク）、アセスメント、訪問介護計画の作成を行うのは、このサービス担当者会議終了後からになる場合もあります。訪問介護計画書が作成され、利用者の同意が得られたのち、事業所内で担当するホームヘルパーを招集してカンファレンスを開催し、情報の共有などを行います。

5．ケアプラン実施

いよいよサービス開始です。ケアマネジメントにおいて決められたサービスを適切・確実に提供していくことになります。特に支援開始初期には様々なトラブルや不具合が生じやすくなるので、サービス提供手順が固まるまでは、あまり多くのホームヘルパーが入らないほうがよいでしょう。サービス提供責任者が率先して入り、サービス手順を固めてから手順書を作成することを勧めます。また、他のホームヘルパーへの引き継ぎは、サービス提供責任者自らが直接現場で実施するようにしましょう。（※　**介護報酬、訪問介護、初回加算の算定要件でもある**）

6．モニタリング

サービスは目標を叶えるために活用されるものです。よって、確実に目標に向かって進んでいるかを定期的に確認していく必要があります。さらには、利用者や家族に体調の悪化や家庭問題など、思わぬ変化が生じることもあります。そのような場合には、当初予定した目標が達成困難になることも考えられます。にもかかわらず同じサービスを継続してしまうと、ますます目標からかけ離れてしまうことになります。よって、当初の予定からズレが生じた場合には、速やかに軌道修正を行う必要があります。その過程を「モニタリング」といいます。モニタリングにおいて肝心なことは、利用者や家族に変化が生じていることにサービス担当者の誰かが気づくことです。そのもっとも近い位置にいるのがホームヘルパーといえます。ですから、ホームヘルパーの全員が、モニタリングの重要性を認識して、常に変化に気づくことを意識しながらサービスに関わる必要があります。

2．アセスメント（再アセスメント）

※再度アセスメントに戻り、以降、2〜6を必要に応じ繰り返す。よって「循環構造」ともいう。
モニタリングにおいて変化に気づいたら、必要に応じアセスメントをやり直すことになります。そして新たなニーズを明確にし、その解決策を検討していきます。その後は新しいケアプランを策定し、上記のプロセスに沿って同様に進められていくことになります。これら一連の過程を必要に応じ繰り返していくため、ケアマネジメントの「循環構造」ともいいます。

　　　終結とはケアマネジメントを必要としない状態になった時をいいます。いつ終結が訪れるかはわかりませんので、どのプロセスとも結びつかず、通し番号も記せません。

　　　具体的には、以下のとおりです。

　・健康状態が回復し介護保険制度を利用しなくても生活が継続できるようになった場合

　・他界した場合

　　　説によっては、医療機関への入院や施設への入所、転居による契約終了などをもって終結とする見解もあるようですが、利用者本人からすれば、施設に入所した場合や転居した場合には、あらたなケアマネジャーによってケアマネジメントは継続されます。入院しても退院後にケアマネジメントが再開される可能性があります。よって、筆者はケアマネジメントの終結は上記した２点と考えます。

　　訪問介護のサービスを提供するためには、まずはケアマネジャーが作成するケアプランに訪問介護の必要性の根拠が示されている必要があります。

　　利用者の目標である「望む暮らし（ケアプラン第１表「利用者および家族の生活に対する意向を踏まえた課題分析の結果」）」を果たすために、現状から克服しなければならない「生活上の課題（ケアプラン第２表「生活全般の解決すべき課題（ニーズ）」）」があって、それを解決するための手段として訪問介護が必要であるという根拠が示されることが求められます。さらには、具体的な「サービス内容（身体介護・生活援助、その際の留意点など）」や「頻度」「期間」などもケアプラン第２表において明記されることになります。

　　また、訪問介護サービスの導入時間なども配慮を要します。訪問介護における支援は、それまでの日常生活の延長線上に位置づけられることが多くなりますので、以前の生活習慣に合わせた設定になっているかを確認します。そのために参考になるのがケアプラン第３表「週間サービス計画表」です。「主な日常生活上の活動」欄に利用者の１日の過ごし方の具体が記載されていれば、それに合わせて訪問介護などのサービスが導入される必要があります。

　　例えば、本人が以前は掃除を午前中に行っていたのであれば、訪問介護の掃除の支援は午前中に入れるべきです。そのあたりもケアプランにおいてきちんと示されているかを確認しましょう。訪問介護事業所の人員の空きがないから都合で午後にサービスを入れる、などは本来ふさわしくありません。

　　これらのように、訪問介護事業所はケアマネジャーからのサービス提供依頼を受けた際には、上記のことをケアプランにおいて確認することになります。さらにはサービス担当者会議の席上で、直接口頭での説明を受けることになります。その際に、訪問介護事業所は訪問介護の専門職として、ケアプランに示された根拠が適切なものかを判断してください。なお、ケアプラン（第１～３表）の具体的記載例は第５章で事例として示しましたので参考にしてください。

　　訪問介護は先にも述べましたように、日常生活に直接関わるサービスであるという特性がありますので、導入にあたってはきちんと目的を示し、利用者の目標（望む暮らし）においてどのような関わりと自立に向けた効果が期待できるかを判断する必要があります。

間違っても、本来は家族が行うべき家事の代行や、本人に直接関係ない部分への支援などが含まれないようにしましょう。また、本人ができるのにも関わらず、安易に支援してしまうことも避けるべきです。訪問介護サービス提供場面において見受けられる利用者からの苦情や不適切な支援は、ケアマネジャーによる導入時の認識不足や説明不足、ホームヘルパーの理解不足などが原因であることが多いようです。その結果、利用者のいいなりのまま不適切なサービスが実施され続けてしまうケースに展開されます。結果、ホームヘルパーが悩みながら仕事をするようになってしまいますので、気をつけましょう。

第3節　効果と結果について（私たちが介護のプロであるために）

　私たちが何の目的で利用者宅を訪問しているのかはおわかりいただけたでしょうか。単に身体介護や生活援助をするためではなく、自立支援という利用者の身体的な維持改善や、生活面での維持改善、さらには生活していくこと、生きることへの意欲の維持向上を目指して行われるものです。

　そしてその向かうべき方向は、利用者が自ら決めるものであって、私たちはその目標「望む暮らし」を共有することで、支援が可能となり、利用者と一緒に目標に向けて歩んでいくことが可能となります。ただし、その目標に向かうまでには、様々な解決しなければならない問題や課題（ニーズ）があります。そのニーズは、基本的には利用者本人が解決すべきものであって、しかし解決するだけの力（ストレングス）が足りない状況にある場合、そこに対して私たちがサービスという形で力を補うことになります。それによって力を得た（エンパワメントされた）利用者は、1つ1つ、ニーズを克服していきながら目標とした生活を目指していくことになります。

　私たちが関わることで本人がニーズを解決していくことがサービスの効果です。そして利用者の目標が叶えられることが結果です。この効果と結果をどのくらいの割合で引き出せるかが私たちの「腕の見せ所」といってもよいでしょう。

　例えば、ある利用者のケアプランには、5つのニーズがあったとします。そのうちの3つのニーズに対して訪問介護の支援が求められています。1つが「起居動作や歩行の自立」のニーズ、2つ目が「トイレでの排泄の自立」のニーズ、3つ目が「自宅での入浴の自立」のニーズとします。ホームヘルパーによるサービスが提供され、やがて短期目標の終期です。モニタリングの結果、起居動作はできるようになったが、トイレまでの歩行はできなかった。よってトイレでの排泄には至っておらずポータブルトイレでの排泄にとどまった。入浴時はホームヘルパーによる介助がないと不安が残る。このような状態でした。達成度で測れば、すべてが50％の達成度合いです。

　理由はいくつか考えられます。

- ・そもそも目標のレベルが高すぎた
- ・達成に要する時間が短すぎた
- ・サービス種別が足りなかった
- ・サービスの提供量が足りなかった
- ・サービスの技術が足りなかった
- ・本人の意欲が続かなかった

いずれにしても、これでは短期目標は達成したとは評価できません。今後は、目標のレベルを修正するか、引き続き達成に向けて期間を延長するか、サービス内容や量を増やすか、ホームヘルパーの技術を標準化させるか、再度本人のこれらのニーズの解決意欲を高めるか、などの修正を行うことになります。それでも見方を変えれば、50%は効果があった、ということになります。

では多くの利用者に対して50%の効果で、私たちの仕事は認められるのでしょうか。野球でいえば5割バッターは驚異的です。しかし、介護の専門職としての5割の確率では十分とはいいがたいのではないかと思います。

これはホームヘルパーだけの問題ではないのですが、ケアマネジメントにおいて、まずニーズが的確に抽出され、そのために必要なサービスが適切に調整され、サービス量も適切で、本人の身体状況や生活意欲も維持されて初めて効果が十分にもたらされます。すなわち、これらはケアマネジメントの出来にかかっており、よってケアチーム全体の責任でもあるのです。その中で働くホームヘルパーも自らの役割を認識し、専門職として自分を高めていかなければなりません。

私たちは介護のプロです。謙遜して「プロなんかじゃありません」という人もいるかもしれませんが、違います。この仕事で給料をもらっている以上、その人はその仕事のプロといえます。よく、「プロであるだけでは足りず、プロフェッショナルを目指そう！」といいますが、ならばホームヘルパーとしてのプロフェッショナルを目指したいものです。プロフェッショナルとは、「その道に長けていて、人間的にも技術的にも優れている人」をいいます。ある意味ほかのホームヘルパーからお手本とされるような存在です。そして、効果・結果を確実に出す。10割は無理だとしても、8～9割は効果や結果を出せるくらいの目標をもって仕事をしたいものです。そのような存在が「真の専門職」といえるのではないでしょうか。

何度もいいますが、これはホームヘルパーの頑張りだけでは難しく、ケアチームのメンバー全員が自分の職種や仕事に対してプロフェッショナルを目指し、そしてお互いに尊重しあって協働で仕事をして初めて可能になることでもあります。

第4節　悔いなき人生のために（死は必然。その時をどう迎えるか。）

皆さんはホームヘルパーとしての経験の中で看取りをしたことがありますか？直接その場に居合わせなくても、担当していた利用者が他界した経験は多くのホームヘルパーが有していることでしょう。そのとき、あなたはどのように感じましたか？精いっぱい支援して、「よい看取りができた」「悔いなく支援することができた」という感想が持てたならば、それはよい支援だったといえるでしょう。そうではなく、「違う支援のほうがよかった」「このような支援でよかったのだろうか」などと悔いを残すような支援もあったかもしれません。

いずれにしても、他界した後ではどうにもなりません。現実を受け止めるしかありません。でも、できることならすべての利用者に対して、「十分な支援ができた」と思いたいものです。1ついえることは、違う支援をした場合との比較ができないということです。その時は、1つの支援しかできません。支援の方針にA案とB案があっても、実際にはどちらかの方針で支援をすることになります。そうでないほうを行っていたらどうなっていたかはわかりません。ですから、例えばその時A案で支援しようとケアチームで決めたならば、たとえうまくいかなかったとしても悔やまないことです。

もっといえば、きちんとケアマネジメントで利用者の同意を得た支援であれば、それは利用者の自己決定であり、支援者がすべての責任を取るべきことではないのです。

　重要なことは自己決定に基づいて支援をしていたかということです。私たちは、おかれている利用者の状況を理解し、専門的見地から見立てをして、具体的な支援方法を提案します。それを実行するかどうかは利用者が決めることです。それは決して責任逃れではなく、利用者の人生を支援するために欠かせない考え方でもあり手続きでもあります。ただし、提案する支援方法は、「その人のために」という観点から検討されたものでなければなりません。そのためには、その方が今までどのような人生を歩んできた人で、要介護状態になってしまった今、どのような生活、人生をこれから送っていきたいのかを理解していることが前提になります。

　基本的な考え方としては、今後の人生は今までの人生の延長線上にあるべきです。病気にならなければ、要介護状態にならなければ、同じ延長線でも違ったものになっていたでしょう。しかし現実を受け止め、これからの人生が今までの人生に繋がっていることには変わりありません。ですから、私たちがその方の今までの人生を知っていることが最期の支援にも影響を及ぼすのです。

　筆者もホームヘルパーとして、あるいはケアマネジャーとして、多くの利用者の看取りを経験してきました。実に様々な人生がそこにはあったと感じています。大勢の家族に看取られて亡くなった人。独居で最期も１人で亡くなった人。最期は家族の判断で病院に搬送された人。痛みに苦しみながら亡くなった人。眠るように亡くなった人。私たちはあらゆる人生を支援します。それは他人との比較ではなく、すべてがその人の人生の最期なのです。それが「良いか悪いか」ではなく、肝心なことは、どのような最期の場面であれ、その人らしい最期であるか、ということです。遠方でも駆けつけてくれる家族や知人がいるのに、支援者が知らせなかった。最期まで自宅で看取れるための体制を取らなかったために、病院に搬送せざるを得なかった。支援が不十分なために、最期を早めた。などがあっては、支援者として失格というだけでなく、この先も悔いが残ります。

　支援者にも経験や慣れが必要です。初めてだからうまくいかなかった、という人もいるかもしれません。しかし、ケアチーム全員が初心者ということはないでしょう。ケアチームの中に看取りが初めてという人はいても構いません。ケアチームで支援することで、十分な支援体制を作ることは可能ですし、初めて経験する支援者にもよい経験をしてもらうことになるでしょう。

　その人らしい最期とは、今までの人生の価値観や社会関係、生活状況などを含め、その延長線上にあるものです。そして、その人と出会ってから、目標を共有し、それに向かって支援してきたならば、その道途中であっても悔いは残らないはずです。「人の人生の質」、つまりよい人生だったかどうかは看取り期で決まるような気がします。最期までその人らしく生きたピリオドとしての看取りであれば、本人も支援者も悔いは残らないでしょう。

　ホームヘルパーは看取りにおいて重要な役割を果たします。とかく医療職が中心と思われがちですが、それは役割として必要だからです。しかし、ホームヘルパーは多くの場合、看取り期になる以前から関わっていることが多いのではないでしょうか。そして本人や家族との関係性においても深く強いものがある場合も多いのではないでしょうか。そのような支援者が、不安でもある看取り期に存在する意義は大きく、時に本人の支えに、そして家族の支えになるのです。何か特別なことをするわけではありません。いつものように支援をして、本人の思いや家族の思いに傾聴し、受け止めればよいのです。そして、日頃からの１回１回の訪問を、一所懸命に気持ちを込めて務めればよいのです。

人の死は必然です。人は生まれたら最後は死にます。その長さには個人差があるにせよ、介護が必要な方々に私たちは接して、その人らしさを支援すればよいのです。死を否定しても始まりません。その時はいつ来るのかはわかりませんが、しかし必ず来るのです。徐々に弱って死期を感じ取る人もいれば、あっけなく亡くなってしまう人もいます。私たちは、いつその時が来ても悔いを残さないような支援を常に心がけることです。そして、その経験を重ねることで私たちも支援者として成長していけるのです。

ACP（Advance Care Planning：人生会議）について

看取り期の支援を行う際に理解しておくべきこととしてACP（Advance Care Planning：人生会議）があります。これは、自身の健康や病気の進行などについての将来の変化に備え、医療とケア（介護など）について、本人の主体性を中心に、その家族や近しい人、医療を含めたケアチームが、必要に応じ繰り返し話し合いを行い、本人による意思決定を支援するプロセスのことです。

平成30年3月に厚生労働省は「人生の最終段階における医療・ケアに関するガイドライン」を改訂しました。福祉職も含めた支援者は、このガイドラインにそって看取り期の支援を行うことになります。その具体的な方法がACPです。

令和3年4月からの介護保険制度において、看取り加算を算定できるサービス種別にこのガイドラインに基づいた支援を行うことが義務化されました。訪問介護には看取り加算はありませんので、その位置づけがされませんでした。しかし、支援は訪問介護も含めてケアチームで行うことですので、ホームヘルパーもぜひこのことについて認識を持っていただき、ACPに沿った支援を行うことが重要といえます。

先に掲げた「看取り期の訪問時間の間隔の制限の緩和」同様、看取り期における訪問介護の役割は重要です。制度上求められていないから関係ないではなく、ケアチームメンバーとしてガイドラインとACPの内容を確認しておいてください。

グリーフケアについて

私たちの支援は看取った時点で終了です。ですからその後の訪問は基本的にはありません。事務的に自己負担分の集金に行くとか、利用者宅においてある備品などを回収に行くなどはあるかもしれません。でも、その後の家族がどのように過ごしているのかが気になることもあるでしょう。関わりが長ければなおのこと、家族のことが気がかりです。そのような場合、亡くなってから数日後（本葬などが終わり数日たったころ、初七日が過ぎたころなど）に訪問してみるのもよいでしょう。そして、家族と一緒にご本人の思い出話や支援の振り返りなどを行うこともよいと思います。その際には、十分な支援ができたこと、家族もしっかり介護をされたこと、亡くなったことはさみしいけれど、ご本人も悔いを残さずに人生を全うできたこと、などを共有しましょう。決して悔いを残すようなことを話す場ではありません。家族が悔やんできても、介護や支援は十分だったことを肯定すべきです。そして、今後は家族が自分の人生をしっかりと生きていただくよう伝えましょう。

このような看取り後の関わりを「グリーフケア」といいます。グリーフケアはホームヘルパーだけで訪問してもよいですが、ケアチームがそろって行う方法もあります。ケアマネジャーなどと相談して実施してもよいでしょう。

第 3 章

厚生労働省から出された訪問介護に関する通知等 および解釈

第1節　令和3年4月介護保険制度改正および介護報酬改定における訪問介護に関する事項

　令和3年4月からの介護保険制度改正及び介護報酬改定で、あらたに訪問介護事業所に関係している事項について説明します。

　まずは感染症対策と自然災害対策です。平成12年に介護保険制度が始まってから、日本は様々な災害に見舞われてきました。東日本大震災や熊本地震、西日本豪雨や令和元年の関東甲信越に被害をもたらした台風被害など、数多くの災害を経験してきました。その都度、介護保険制度では臨時的な取り扱いの措置を講じてきました。それらは時限的な措置であり、制度そのものを災害時を想定した制度設計には至っていませんでした。今般、新型コロナウィルス感染拡大の状況を受け、制度創設以来初めて恒常的に感染症対策と自然災害対策が事業者に求められました。

　まずは感染症対策ですが、訪問介護事業所に対しては、

- ・　感染症対策委員会の設置
- ・　指針（ガイドライン）の整備
- ・　研修の実施
- ・　訓練（シミュレーション）の実施

などが求められています。

　感染症対策委員会ですが、小規模事業所の場合、委員会という組織化が難しい場合は、対策担当者を決めて対応することになります。その際には複数の担当者がいることが望ましく、経営者や管理者、サービス提供責任者などが担うことがよいと思います。

　指針（ガイドライン）は、感染症が拡大した際の対応の方針などについて取りまとめるもので、この後説明する「事業継続計画」と一体のものとして策定することになります。

　研修はすべての訪問介護員を対象に、感染症の理解や予防策、感染者や濃厚接触者への対応など、業務において必要な内容を網羅して実施することになります。

　シミュレーションは机上訓練とも呼ばれていますが、職員や利用者が感染症に罹患したことを想定して、実際にどのように対応するのかを話し合ってみるなどの訓練です。

　これらの実施は令和6年3月までの3年間の猶予期間がありますが、実際に進行中のことでもありますので、早期の実施を行いたいところです。

図－1　感染症対策の強化

概要	【全サービス★】

○ 介護サービス事業者に、感染症の発生及びまん延等に関する取組の徹底を求める観点から、以下の取組を義務づける。その際、3年の経過措置期間を設けることとする。【省令改正】

　・ 施設系サービスについて、現行の委員会の開催、指針の整備、研修の実施等に加え、訓練（シミュレーション）の実施
　・ その他のサービス（訪問系サービス、通所系サービス、短期入所系サービス、多機能系サービス、福祉用具貸与、居宅介護支援、居住系サービス）について、委員会の開催、指針の整備、研修の実施、訓練（シミュレーション）の実施等

　さらに、「業務継続計画（BCP）」の策定があります。訪問介護サービスをはじめとする介護サービスは、利用者の生活を守る上で不可欠なものですので、自然災害が発生した際や、感染症が蔓延したり利用者が感染症に罹患したとしても、利用者が日常生活を継続している以上は、サービスの提供も極力止めずに継続することが望まれています。そのためにはその場になってどうするかを考えるのでは対応できず、普段からそのような事態を想定して対策を講じておく必要があります。そのためには「業務継続計画（BCP）」を策定しておくことが重要になり、3年間の猶予期間はありますが、全サービスに対して「業務継続計画（BCP）」策定の義務化が図られました。

　策定の際には下記の資料にもありますように、厚生労働省から策定のためのガイドラインや様式が示されていますので、是非ダウンロードして確認してください。このことについても早期の対応が望まれます。策定は基本的には「事業所ごと」の策定が求められています。例えば、大きな法人の場合、複数の事業所を有していて、川沿いにある事業所や山のふもとにある事業所など立地条件が異なることがあります。その際には、水害のリスクや土砂災害のリスクなど、立地条件によって想定される災害も異なることになります。そのため、「業務継続計画（BCP）」はそれぞれの事業所の立地条件に応じた策定が必要になります。どのように策定するかを法人内で検討してください。

図－2　業務継続に向けた取組の強化

概要	【全サービス★】

○ 感染症や災害が発生した場合であっても、必要な介護サービスが継続的に提供できる体制を構築する観点から、全ての介護サービス事業者を対象に、業務継続に向けた計画等の策定、研修の実施、訓練（シミュレーション）の実施等を義務づける。その際、3年間の経過措置期間を設けることとする。【省令改正】

（参考）介護施設・事業所における業務継続計画（BCP）ガイドラインについて

○ 介護サービスは、利用者の方々やその家族の生活に欠かせないものであり、感染症や自然災害が発生した場合であっても、利用者に対して必要なサービスが安定的・継続的に提供されることが重要。
○ 必要なサービスを継続的に提供するためには、また、仮に一時中断した場合であっても早期の業務再開を図るためには、業務継続計画（BusinessContinuityPlan）の策定が重要であることから、その策定を支援するため、介護施設・事業所における業務継続ガイドライン等を作成。

（令和2年12月11日時点。必要に応じ更新予定。）

掲載場所：https://www.mhlw.go.jp/stf/seisakunitsuite/bunya/hukushi_kaigo/kaigo_koureisha/taisakumatome_13635.html

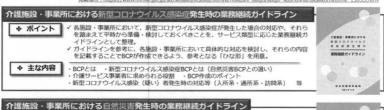

次に、認知症者支援に関する評価です。以前から通所系や入所系サービスには「認知症専門ケア加算」というものがありました。この加算を算定するための要件は、利用者の認知症者の割合と職員の認知症に関する研修受講者の割合です。この加算が今回からは訪問系サービスにも拡充されました。しかし、訪問介護の場合、これらの要件を満たす事業所はそれほど多くはないのではと思います。ですから一応、この加算が適用になったということを知っておいていただければと思います。

さらに、職員の中で規程の認知症関係の研修受講者がいる場合、「介護サービス情報公表サイト」にて記載することができるようになりました。該当する事業所は活用することで、認知症者に強い事業所であることをアピールできます。そして今後はこのような認知症関係の研修を受講していくことが推奨されました。下記の資料のピラミッドの図を参考に、段階的に受講を目指してみるのもよいでしょう。

認知症者は今後ますます増加していくといわれています。2025年には全国で700万人を超え、2050年には1000万人を超えるという推計がされています。ですから、利用者が有する疾患としては認知症はもはや基礎疾患になり、加えて内科系疾患や筋骨格系疾患などを有しているような方が増えていくことでしょう。そのため、認知症者への対応技術は私たちが有する基本的な技術といえます。業務で多忙かとは思いますが、機会をみつけてこのような研修受講を事業所がバックアップをしながら促進していくことが望まれます。

図－3　認知症専門ケア加算等の見直し

概要	【ア：訪問介護、定期巡回・随時対応型訪問介護看護、夜間対応型訪問介護、訪問入浴介護★　イ：ア及び、通所介護、地域密着型通所介護、療養通所介護、短期入所生活介護★、短期入所療養介護★、特定施設入居者生活介護★、地域密着型特定施設入居者生活介護、認知症対応型共同生活介護★、介護老人福祉施設、地域密着型介護老人福祉施設入所者介護、介護老人保健施設、介護療養型医療施設、介護医療院】

○　認知症専門ケア加算等について、各介護サービスにおける認知症対応力を向上させていく観点から、以下の見直しを行う。
　ア　訪問介護、訪問入浴介護、夜間対応型訪問介護、定期巡回・随時対応型訪問介護看護について、他のサービスと同様に、認知症専門ケア加算を新たに創設する。【告示改正】
　イ　認知症専門ケア加算（通所介護、地域密着型通所介護、療養通所介護においては認知症加算）の算定の要件の一つである、認知症ケアに関する専門研修（※1）を修了した者の配置について認知症ケアに関する専門性の高い看護師（※2）を、加算の配置要件の対象に加える。【通知改正】
　なお、上記の専門研修については、質を確保しつつ、eラーニングの活用等により受講しやすい環境整備を行う。
※1　認知症ケアに関する専門研修
　　認知症専門ケア加算（Ⅰ）：認知症実践リーダー研修
　　認知症専門ケア加算（Ⅱ）：認知症介護指導者養成研修
　　認知症加算：認知症介護指導者養成研修、認知症介護実践リーダー研修、認知症介護実践者研修
※2　認知症ケアに関する専門性の高い看護師
　　①日本看護協会認定看護師教育課程「認知症看護」の研修
　　②日本看護協会が認定している看護系大学院の「老人看護」及び「精神看護」の専門看護師教育課程
　　③日本精神科看護協会が認定している「精神科認定看護師」

単位数	アについては、単位数の変更はなし。 イについては、単位数の変更はなし。

＜現行＞　　　　　　　　　　　　　　　＜改定後＞
なし　　　　　⇒　　　　　　　　　認知症専門ケア加算（Ⅰ）　3単位／日（新設）※
　　　　　　　　　　　　　　　　　　認知症専門ケア加算（Ⅱ）　4単位／日（新設）※
※　定期巡回・随時対応型訪問介護看護、夜間対応型訪問介護（Ⅱ）については、認知症専門ケア加算（Ⅰ）90単位／月、認知症専門ケア加算（Ⅱ）120単位／月

算定要件等	アについては、以下のとおり。 イについては、概要欄のとおり。

＜認知症専門ケア加算（Ⅰ）＞（※既往要件と同）
・　認知症高齢者の日常生活自立度Ⅲ以上の者が利用者の100分の50以上
・　認知症介護実践リーダー研修修了者を認知症高齢者の日常生活自立度Ⅲ以上の者が20名未満の場合は1名以上、20名以上の場合は1に、当該対象者の数が19を超えて10又は端数を増すごとに1を加えて得た数以上配置し、専門的な認知症ケアを実施
・　当該事業所の従業員に対して、認知症ケアに関する留意事項の伝達又は技術的指導に係る会議を定期的に開催
＜認知症専門ケア加算（Ⅱ）＞（※既往要件と同）
・　認知症専門ケア加算（Ⅰ）の要件を満たし、かつ、認知症介護指導者養成研修修了者を1名以上配置し、事業所全体の認知症ケアの指導等を実施
・　介護、看護職員ごとの認知症ケアに関する研修計画を作成し、実施又は実施を予定

図－4　認知症に係る取組の情報公表の推進

概要	【全サービス（介護サービス情報公表制度の対象とならない居宅療養管理指導を除く）★】

○　介護サービス事業者の認知症対応力の向上と利用者の介護サービスの選択に資する観点から、全ての介護サービス事業者(居宅療養管理指導を除く)を対象に、研修の受講状況等、認知症に係る事業者の取組状況について、介護サービス情報公表制度において公表することを求めることとする。【通知改正】
　　具体的には、通知「「介護サービス情報の公表」制度の施行について」（平18老振発0331007）別添1について以下の改正を行う。

【現行】
別添1：基本情報調査票（下の表は、夜間対応型訪問介護の例）

事業所番号：　　　　　　　　　（枝番）

基本情報調査票：夜間対応型訪問介護

（20XX年XX月XX日現在）

計画年度		年度	記入年月日	
記入者名			所属・職名	

3．事業所において介護サービスに従事する従業者に関する事項

従業者の教育訓練のための制度、研修その他の従業者の資質向上に向けた取組の実施状況

事業所で実施している従業者の資質向上に向けた研修等の実施状況

（その内容）

実践的な職業能力の評価・認定制度である介護プロフェッショナルキャリア段位制度の取組

アセッサー（評価者）の人数				人
段位取得者の人数	レベル2①	レベル2②	レベル3	レベル4
	人	人	人	人
外部評価（介護プロフェッショナルキャリア段位制度）の実施状況			[　　]　0.なし・1.あり	

【見直し】
　認知症介護指導者研修、認知症介護実践リーダー研修、認知症介護実践者研修、その他の研修の欄を設け、受講人数を入力させる

図－5　認知症介護基礎研修の受講の義務づけ

概要	【全サービス（無資格者がいない訪問系サービス（訪問入浴介護を除く）、福祉用具貸与、居宅介護支援を除く）★】

○　認知症についての理解の下、本人主体の介護を行い、認知症の人の尊厳の保障を実現していく観点から、介護に関わる全ての者の認知症対応力を向上させていくため、介護サービス事業者に、介護に直接携わる職員のうち、医療・福祉関係の資格を有さない者について、認知症介護基礎研修を受講させるために必要な措置を講じることを義務づける。【省令改正】
　　その際、3年の経過措置期間を設けることとするとともに、新入職員の受講についても1年の猶予期間を設けることとする。

(参考)介護従事者等の認知症対応力向上の促進

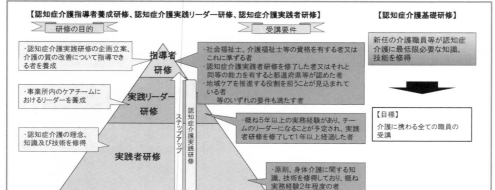

次に、訪問介護における看取り期の評価です。訪問介護の算定基準には、いわゆる「2時間ルール」というものがあります。サービスとサービスとの間は2時間以上空けなければならないというものです。もし2時間の間隔を空けずに訪問した場合は前後の訪問を合算して算定することになってい

ます。しかし、主治医がターミナル期（終末期）と診断した場合、その利用者への訪問はこの「2時間ルール」の適用をしなくてもよいことになりました。

　ターミナル期（終末期）には、訪問診療や訪問看護などの医療系サービスが重要ですが、最期までその方らしく生活を継続する観点から、介護も重要な役割を担います。もちろん食事、水分補給や排せつなどの支援は欠かせませんし、入浴は無理でも清潔保持は重要です。このような支援をこまめに提供する観点から、今回はこのような改正がなされました。サービスの提供に関しては、利用者や家族の希望に応じて、ケアマネジャーを中心としたケアチームで協議して判断することになります。その上でこまめな訪問を要することになった場合は、この算定要件に基づいてしっかりと看取り期を支援するようにしてください。

図－6　訪問介護における看取り期の対応の評価

概要	【訪問介護】
○ 看取り期における対応の充実と適切な評価を図る観点から、看取り期には頻回の訪問介護が必要とされるとともに、柔軟な対応が求められることを踏まえ、看取り期の利用者に訪問介護を提供する場合に、訪問介護に係る2時間ルールの運用を弾力化し、2時間未満の間隔で訪問介護が行われた場合に、所要時間を合算せずにそれぞれの所定単位数の算定を可能とする。【通知改正】	

単位数		
○ 所要時間を合算せずにそれぞれの所定単位数の算定を可能とする。		
	＜単位数＞	
身体介護中心型	20分未満	167単位
	20分以上30分未満	250単位
	30分以上1時間未満	396単位
	1時間以上1時間30分未満	579単位
	＋以降30分を増すごとに	84単位
生活援助中心型	20分以上45分未満	183単位
	45分以上	225単位

※単位数はすべて1回あたり。
※今回改定後の単位数

算定要件等	※追加する利用者は下線部

○ 訪問介護は在宅の要介護者の生活パターンに合わせて提供されるべきであることから、単に1回の長時間の訪問介護を複数回に区分して行うことは適切ではない。したがって、前回提供した指定訪問介護からおおむね2時間未満の間隔で指定訪問介護が行われた場合には、それぞれの所要時間を合算するものとする（緊急時訪問介護加算を算定する場合又は医師が一般に認められている医学的知見に基づき回復の見込みがないと診断した者に訪問介護を提供する場合を除く。）。

2時間未満

（訪問介護事業所による）訪問介護提供　　（訪問介護事業所による）訪問介護提供

＜現行の取扱い＞
それぞれの所要時間を合算して報酬を算定
例：それぞれ身体介護を25分提供
→合算して50分提供したものとして報酬を算定するため、30分以上1時間未満の396単位を算定

＜改定後＞
所要時間を合算せずにそれぞれの所定単位数を算定
例：それぞれ身体介護を25分提供
→合算せずにそれぞれ25分提供したものとして報酬を算定するため、250単位×2回＝500単位を算定

※1　通院等のための乗車又は降車の介助が中心である場合を除く。
※2　頻回の訪問として、提供する20分未満の身体介護中心型の単位を算定する際の例外あり。

　次は、通院等乗降介助の算定要件の見直しです。通院等乗降介助は今までは自宅を起点または終点とすることが必要でした。しかし今回からは、複数の医療機関を受診する場合、医療機関間の算定も可能となりました。目的地は今までの通院等乗降介助の解釈が適用されますので、医療機関以外の目的地間が複数ある場合にも適当になると解釈できます。さらには、デイサービスやショートステイ先に迎えに行って受診し自宅に帰る場合や、自宅から医療機関を受診して、その後にデイサービスやショートステイ先に送っていく場合にも算定が可能になりました。かなり算定要件が拡大されています。なお、通院等乗降介助は要介護1から算定可能ですが、状態像としては、車の乗り降りに介助を要する状態であることが必要ですので適切にアセスメントをしたうえで算定してください。また、通院介助は基本的には家族が優先になります。その辺りも適切に確認、調整したうえで算定しましょう。

図－7　訪問介護における通院等乗降介助の見直し

概要　【訪問介護、通所系サービス★、短期入所系サービス★】

○　通院等乗降介助について、利用者の身体的・経済的負担の軽減や利便性の向上の観点から、目的地が複数ある場合であっても、居宅が始点又は終点となる場合には、その間の病院等から病院等への移送や、通所系サービス・短期入所系サービスの事業所から病院等への移送といった目的地間の移送に係る乗降介助に関しても、同一の事業所が行うことを条件に、算定可能とする。【通知改正】
　この場合、通所系サービス・短期入所系サービス事業所は送迎を行わないことから、通所系サービスについては利用者宅と事業所との間の送迎を行わない場合の減算を適用し、短期入所系サービスについては、利用者に対して送迎を行う場合の加算を算定できないこととする。

単位数

通院等乗降介助	99単位／片道	※今回改定後の単位数

算定要件等

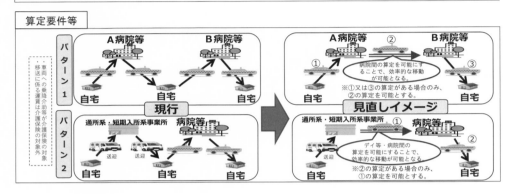

次は、特定事業所加算の見直しです。訪問介護事業所の特定事業所加算は今まではⅠからⅣでしたが、今回新たに特定事業所加算Ⅴができました。基本報酬の３％加算ですのでそれほど大きなメリットはありませんが、要件に適合する事業所は算定を行うようにしましょう。要件としては

- ・　訪問介護員等ごとに作成された研修計画に基づく研修の実施
- ・　利用者に関する情報又はサービス提供に当たっての留意事項の伝達等を目的とした会議の定期的な開催
- ・　利用者情報の文書等による伝達 (※)、訪問介護員等からの報告
  - ※　直接面接しながら文書を手交する方法のほか、FAX、メール等によることも可能
- ・　健康診断等の定期的な実施
- ・　緊急時等における対応方法の明示
- ・　訪問介護員等の総数のうち、勤続年数７年以上の者の占める割合が100分の30以上であること

です。

上位の要件よりは緩くなっていますので、算定を目指しやすくなっています。まずはここから計画的に体制を整備してもよいかと思います。加算の基本的な考え方は、「取れる加算は取る」ことです。「算定できるけど利用者負担が増えてしまうから取らない」という意見を耳にしますが、このような加算は良質なサービスを提供するための要件でもあり、それだけの努力をしていることになりますので、自信をもって算定すべきでしょう。利用者や家族にはその旨をきちんと説明することで理解は得られると思います。それよりも、加算を算定して、増えた事業収入をホームヘルパーの処遇向上に充てていただければと思います。そしてさらに良質のサービス提供を目指していただければと思います。

に限って、掃除の対応が必要である状況（汚染等がひどく利用者の使用に適さないなど）をもって、やむをえない事情と認め対応することは可能となります。

　なお、これらの適用要件は、あくまでも介護保険の給付請求に該当するか否かの判断を示したものであり、介護保険制度外にて行われる援助行為を制限するものではありません。ですから、介護保険の給付に該当する援助と一連のものとして（前後して）保険給付外の援助（自費サービス）が行われることを制限するものではありません。その場合、ケアプラン上にて明確な時間上での区分を明記し、担当者会議等で利用者及び家族、サービス事業者間にてその旨の了承を十分に得たうえで実施されることが求められます。さらには、現行制度上では、介護保険の給付対象サービスとの時間的混合がないよう、現場における管理を徹底する必要性も求められます。取り扱いには十分に配慮してください。

生活機能向上連携加算について

　今回の介護報酬改定においてもさらに加算が取得しやすく改定されました。以前からある加算ですが取得率がなかなか伸びず、今回はICTの活用による連携確保でも算定できるようになりました。

　この加算の目的は、自立支援の促進です。利用者の生活動作を支援する場面において、ホームヘルパーが本人の身体能力を十分に活用した支援が可能となるよう、予めリハビリテーション専門職からのアドバイスを受けて訪問介護計画を立案し実施することで3か月間取得できるものです。加算創設当初は、介護保険サービスである通所リハビリテーションか訪問リハビリテーションを活用している場合に、サービス提供責任者とリハビリテーション専門職が共に利用者宅を訪問し、連携を図る必要がありました。

　前回の改定では、介護保険サービスの2種類に加え、医療保険によるリハビリテーションを受けている場合にも、当該医療機関の医師又はリハビリテーション専門職との連携による加算の取得が可能となりました。さらに、今までは共に利用者宅を訪問したうえでの連携が要件でしたが、前回からは利用者宅以外での、医療機関内やサービス事業所内などでの連携においても加算が取得できるようになりました（生活機能向上連携加算Ⅰ、但し初回月のみ）。そして今回はICTによる連携でも可能とされました。

　算定する際には、訪問介護計画書に、リハビリテーション専門職等から受けた助言に沿って、利用者と話し合ったうえで目標を設定します。目標は、望む暮らしの実現に向けた、3か月後の生活動作に関する目標、それに向けた毎月の生活動作の向上目標を具体的に設定します。詳細は第5章で事例として取り上げます。

　今回の改定により、ますます自立に向けた専門的視点からの支援が可能な環境が整えられています。今後はこの加算を利用者の同意の上で上手に活用し、さらなる自立支援に貢献していただければと思います。

図－15　生活機能向上連携加算の見直し

単位数（ア）

<現行>　　　　　　　　　　　　　　　　　　　<改定後>

生活機能向上連携加算　200単位／月　⇒　生活機能向上連携加算（Ⅰ）100単位／月（新設）（※3月に1回を限度）

　　　　　　　　　　　　　　　　　　　　　　生活機能向上連携加算（Ⅱ）200単位／月（現行と同じ）

　　　　　　　　　　　　　　　　　　　　　　※（Ⅰ）と（Ⅱ）の併算定は不可。

算定要件等（ア）

<生活機能向上連携加算（Ⅰ）>（新設）
- ○　訪問・通所リハビリテーションを実施している事業所又はリハビリテーションを実施している医療提供施設（病院にあっては、許可病床数200床未満のもの又は当該病院を中心とした半径4キロメートル以内に診療所が存在しないものに限る。）の理学療法士等や医師からの助言（アセスメント・カンファレンス）を受けることができる体制を構築し、助言を受けた上で、機能訓練指導員等が生活機能の向上を目的とした個別機能訓練計画を作成等すること。
- ○　理学療法士等や医師は、通所リハビリテーション等のサービス提供の場又はICTを活用した動画等により、利用者の状態を把握した上で、助言を行うこと。

<生活機能向上連携加算（Ⅱ）>（現行と同じ）
- ○　訪問・通所リハビリテーションの理学療法士・作業療法士・言語聴覚士が利用者宅を訪問して行う場合又は、リハビリテーションを実施している医療提供施設（病院にあっては、許可病床数200床未満のもの又は当該病院を中心とした半径4キロメートル以内に診療所が存在しないものに限る。）の理学療法士・作業療法士・言語聴覚士・医師が訪問して行う場合に算定。

○「通院等のための乗車又は降車の介助が中心である場合」及び「身体介護が中心である場合」の適用関係等について

> 平成15年5月8日　老振発第0508001号・老老発第0508001号
> 各都道府県介護保険主管部（局）長あて厚生労働省老健局振興課長老人保健課長通知

　本年4月より、訪問介護費の報酬区分として新たに「通院等のための乗車又は降車の介助が中心である場合」が設けられたところである。この実施に伴う留意事項については、「指定居宅サービスに要する費用の額の算定に関する基準（訪問通所サービス及び居宅療養管理指導に係る部分）及び指定居宅介護支援に要する費用の額の算定に関する基準の制定に伴う実施上の留意事項について」（平成12年3月1日老企第36号厚生省老人保健福祉局企画課長通知）により既にお示ししているところであるが、今般、「通院等のための乗車又は降車の介助が中心である場合」及び「身体介護が中心である場合」の適用関係等について以下のとおり整理することとしたので、御了知の上、管内市町村、関係団体、関係機関等にその周知徹底を図るとともに、その運用に遺憾のないようにされたい。

記

1　「通院等のための乗車又は降車の介助が中心である場合」及び「身体介護が中心である場合」の適用関係
　　「通院等のための乗車又は降車の介助が中心である場合」及び「身体介護が中心である場合」の適用関係については、別紙に標準的な事例を示すので、本年5月請求分以降の給付に当たって留意すること。
2　道路運送法との関係
　　今般の介護報酬の改定に伴い、これまで移送を伴う訪問介護を提供していた事業者について、道路運送法上の取扱いが変更されることはないこと。
　　したがって、これまで道路運送法の許可を受けず乗車又は降車の介助を行っていた指定事業者について、新たに一律に道路運送法の許可を受けなければ介護保険の適用を受けられなくなるものではないこと。
　　なお、道路運送法の処分、刑事告発等の対象とされた者がこのサービスを行う場合は、事業の適正な運営ができるとは認められないものと考えられ、指定取消しの対象となるものであること。

別　紙

「通院等のための乗車又は降車の介助が中心である場合」及び「身体介護が中心である場合」の適用関係

(1)　要介護1～5

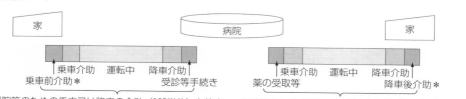

(1)′ 要介護1〜5　※院内の移動等の介助は、基本的には院内のスタッフにより対応されるべきものであるが、
　　　　　　　　場合により算定対象となる。

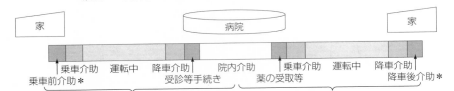

＊「乗車前介助」及び「降車後介助」とは、乗車・降車の介助を行うことの前後に連続して行われる外出に直
　接関連する身体介護をいう。

(2)　要介護4、5　※通院等のための乗車・降車の介助を行うことの前後に連続して相当の所要時間（20分〜30
　　　　　　　　分程度以上）を要しかつ手間のかかる身体介護を行う場合

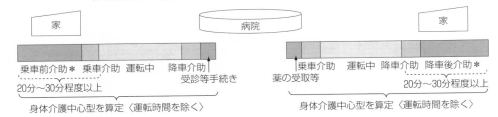

(2)′ 要介護4、5　※院内の移動等の介助は、基本的には院内のスタッフにより対応されるべきものであるが、
　　　　　　　　場合により算定対象となる。

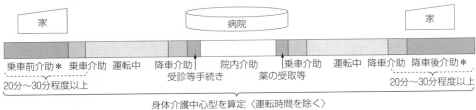

＊「乗車前介助」及び「降車後介助」とは、乗車・降車の介助を行うことの前後に連続して行われる外出に直
　接関連する身体介護をいう。

(3)　要介護1〜5　※居宅における外出に直接関連しない身体介護（例. 入浴介助・食事介助など）に30分〜1
　　　　　　　　時間程度以上を要しかつ当該身体介護が中心である場合

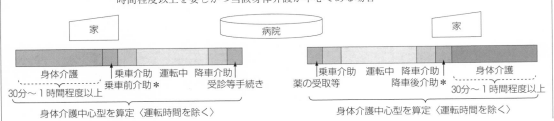

(3)´ 要介護1～5　※院内の移動等の介助は、基本的には院内のスタッフにより対応されるべきものであるが、場合により算定対象となる。

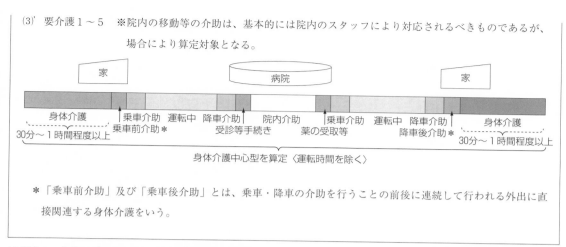

＊「乗車前介助」及び「乗車後介助」とは、乗車・降車の介助を行うことの前後に連続して行われる外出に直接関連する身体介護をいう。

※但し、令和3年4月からは算定要件の変更がなされています。詳細は前述した35ページを参照してください。

○「通院等のための乗車又は降車の介助」の適正な実施について

平成15年3月19日　老振発第0319002号
各都道府県介護保険主管部（局）長あて厚生労働省老健局振興課長通知

　指定居宅サービスに要する費用の額の算定に関する基準（平成12年厚生省告示第19号）別表において、「通院等のための乗車又は降車の介助が中心である場合」については、「要介護者である利用者に対して、通院等のため、指定訪問介護事業所の訪問介護員等が、自らの運転する車両への乗車又は降車の介助を行うとともに、併せて、乗車前若しくは降車後の屋内外における移動等の介助又は通院先若しくは外出先での受診等の手続き、移動等の介助を行った場合に1回につき所定単位数を算定する」こととされたところである。

　今般、「通院等のための乗車又は降車の介助」の適正な実施を図る観点から、以下のとおり取り扱うこととしたので、貴職におかれては、介護保険法上の指定訪問介護事業者の指定に当たって十分留意するとともに、適切な指導監督を行っていただくようお願いしたい。

　また、管内市町村に対し、本通知の趣旨の周知徹底を図るとともに、十分な連携体制が図られるよう御配慮いただきたい。

　なお、「指定居宅サービス等の事業の人員、設備及び運営に関する基準について」（平成11年9月17日老企第25号）の一部を改正し、指定訪問介護事業者が「通院等のための乗車又は降車の介助」を行う場合には、指定訪問介護の内容として運営規程に明示しなければならないこととしているので、念のため申し添える。

記

　「通院等のための乗車又は降車の介助」について、地域における当該サービスの必要性、当該サービスの質の確保及び保険給付の適正化といった観点から、都道府県及び市町村においては、事業所の指定、指導監督等に当たり以下の点に留意の上、十分な連携を図ることとされたい。

1　指定に当たっての市町村との連携

　都道府県知事は、「通院等のための乗車又は降車の介助」を行う指定訪問介護事業所の指定に当たり、事業所の所在地の市町村に対して、以下の内容について意見を求めるとともに、必要に応じて、指定前に実地調査を実施し、当該事業所の人員が指定居宅サービス等の事業の人員、設備及び運営に関する基準（平成11年厚生省令第37号。以下「基準」という。）で定める員数を満たしていること、基準に従って適正な事業の運営をすることができること等について確認すること。また、既に指定を受けている指定訪問介護事業所から運営規程の変更届が提出された場合も同様の取扱いとすること。

①　当該地域における「通院等のための乗車又は降車の介助」を伴う移送サービスの供給状況

②　当該事業所のサービスの提供体制

③　市町村との連携体制の確保状況（介護予防・地域支え合い事業等との関係、地域ケア会議その他市町村が行う取組に対する協力状況又はその見込み等）

④　その他指定に関し必要と認められる事項

2　指導監督等に当たっての留意事項、市町村との連携等

（1）　市町村の関与

　　事業所の指定を行う都道府県だけでなく、より身近な市町村が指定訪問介護事業者による「通院等のための乗車又は降車の介助」の提供状況を確認するため、事業所の所在地の市町村は、介護保険法第23条に基づき、必要に応じて文書の提出を求め、又は当該事業者の職員に質問若しくは照会するなど、「通院等のための乗車又は降車の介助」の提供状況等についての情報収集を常時行うよう配慮すること。

（2）　指導監査等に当たっての留意事項

　　「通院等のための乗車又は降車の介助」は、身体介護の一部を構成するものである。したがって、基準第4条及び第29条の2に照らして、当該サービス行為に偏ってサービスを提供することは基準違反となり、都道府県知事の指導等の対象となるものである。

　　したがって、都道府県は、実態において、基準第4条及び第29条の2に照らして特定のサービス行為に偏っていないか、サービス担当者会議に参加しているかどうか、他のサービス事業者と十分に連携しているか等について十分に確認し、必要に応じて指導を行うこと。

　　また、市町村と十分に連携し、市町村が収集した情報を事業者に対する指導監督の際には十分活用するとともに、市町村から収集した情報に基づき必要と判断した場合には、随時実地指導を実施するなど、迅速な対応に努めること。

◯訪問介護における院内介助の取扱いについて

平成22年4月28日　事務連絡
都道府県指定都市中核市介護保険担当課（室）あて厚生労働省老健局振興課通知

　標記については、「『通院等のための乗車又は降車の介助が中心である場合』及び『身体介護が中心である場合』の適用関係について」（平成15年5月8日老振発第0508001号、老老発第0508001号）において、「基本的には院内のスタッフにより対応されるべきものであるが、場合により算定対象となる」とされているところです（ただし、「通院等のための乗車又は降車が中心である場合」の院内介助については、「通院のための乗車又は降車の介助」として包括して評価されます。）。

　院内介助が認められる場合については各保険者の判断となりますが、院内介助について、一部で、一切の介護報酬上の算定を拒否されているとの指摘もあり、院内介助であることをもって、一概に算定しない取扱いとすることのないよう願います。

　当課では、この度、院内介助の判断に資するべく、別添のとおり各都道府県・保険者が作成・公表している対応事例を取りまとめました。各都道府県・保険者においては、①適切なケアマネジメントを行った上で、②院内スタッフ等による対応が難しく、③利用者が介助を必要とする心身の状態であることを要件としているところが多く見られ、また、利用者が介助を必要とする心身の状態である場合の例としては、以下のような事例が挙げられておりましたので、参考として活用していただきますよう願います。

【利用者が介助を必要とする心身の状態である場合の例】
・院内の移動に介助が必要な場合
・認知症その他のため、見守りが必要な場合
・排せつ介助を必要とする場合　　等

別添

訪問介護における院内介助の取扱いに
係る各都道府県・保険者の対応事例について

【福島県】

○　通院介助の算定において、アセスメントやサービス担当者会議において院内介助の必要性が明確にできれば、算定できるか。（認知症による徘徊がない場合でも、他の周辺症状のため見守りが必要と判断した場合等）

　　→　可能です。

【横浜市】

○　質問内容

　　身体介護の通院・外出介助及び通院等乗降介助を行う場合の院内介助について、介護報酬が算定できるのはどのような場合か。

○　回答

　　院内介助は、原則、病院のスタッフが行うべきですが、病院のスタッフが対応することができない場合で、ケアマネジャーがケアプランに必要性を位置付けて実施する場合については、例外的に算定できます。その場合は、ケアマネジャーが単独で判断するのではなく、主治医等の意見を踏まえ、サービス担当者会議で協議するなど、その必要性については十分に検討するとともに、検討した内容を記録等に残しておく必要があります。

　　なお、院内介助を病院のスタッフが対応できるかどうかの確認については、病院の地域連携室等に相談するなど、適切な方法をとるようにしてください。医師等からは文書を出してもらう必要はありませんが、確認した内容は必ず記録に残してください。

【神奈川県藤沢市】

○　院内介助は医療保険で提供されるべきサービスです。サービスを提供する前に病院側と院内介助の必要性について調整してください。

　　なお、調整の結果として病院の医師等に院内介助の依頼書等を書いていただく必要はありません。

　　調整の結果、例外的に「単なる待ち時間」を訪問介護としてケアプランに位置づける場合には、次の①、②を満たす場合にあくまでもケアマネの判断により、位置づけることになります。

①利用者の心身の状況を勘案して…。

　　・そのヘルパーが訪問介護を実施しないと利用者が精神的に不穏になる。

　　・目が不自由、耳が不自由等

　　　→ケアマネとして、心身の状況を十分に把握している。

　　　　→いわゆるケアプランにその理由付けがされている。

②利用者の自立生活支援に繋がる。

　　・サービス担当者会議等で設定（確認）している「自立生活支援」に繋がる目標等に院内介助がどういう役割を果たすか、明確になっている。

【大阪市】

○　以下の確認ができた場合に対応が可能とします。

　1　院内介助が必要な状態であることを確認する。

　　　利用者の状態とどのような内容のサービスが必要であるかを明確にすること。

　2　院内介助が必要な状態である場合、受診先の医療機関に院内介助の体制があるか否かを確認する。

　　　院内介助の体制がない場合、その旨を居宅介護支援経過に記録する

　　（対応できない理由、必要なサービス内容。「院内介助が必要」だけの記録では不十分）

　3　1、2の状況をもって、サービス担当者会議で検討した結果、利用者の状態等から院内での介助が必要であることの判断がなされた場合、サービス担当者会議の記録にその旨を明記すること。

【大阪府羽曳野市】

○　通院介助についての留意事項

※　通院介助における院内介助については、原則、院内スタッフにおいて行われるべきものです。通院介助において、他科受診等があり、その移動に介助が必要な利用者であり、医療機関に院内スタッフでの対応の可否を確認した上で、院内スタッフでの対応が出来ない場合のみ、実際に介助を行った時間（他科受診がある場合等の移動における介助、トイレ介助等）を算定します（院内スタッフでの対応が出来ないからといって、身体介護を算定できるものではありません。あくまでも利用者の状況によって必要かどうかを判断した上で、院内スタッフでの対応が出来ない場合についてのみ実際介助を行った時間について算定するというものです）。

【大阪府枚方市】

○　院内介助について

　　原則として、医療機関のスタッフで対応すべきものですが、適切なケアマネジメントを通じて、具体的な院内介助の必要性が確認されている場合には例外的に算定となります。

≪必要なプロセス≫

①利用者の心身の状況から院内介助が必要な理由の把握

②具体的な介助内容（移動介助等）と所要時間

③当該医療機関等においては、当該医療機関のスタッフによる病院内の介助が得られないことが確認され

た経緯（何時、誰に、確認した内容）

　　　…必ずしも医師への確認は必要ありません。（医事課・看護部等で可）

　　これらを居宅サービス計画に記載してください。

【宮城県柴田郡柴田町】

○　院内の介助は、介護保険の対象となりません。しかし、個々の身体・精神状況により、どうしても必要と判断した場合は、アセスメントシートに課題分析をした上でサービスを提供します。課題分析の内容は、①医療機関の院内介助の体制の有無、②精神・身体状況（介助や見守りが必要か）、③家族等の介護体制（家族等の援助があるか）の3点です。居宅サービス計画書には、必要と判断した理由を記入してください。

解　釈

　訪問介護の適用について特に慎重に判断していただきたいのが「通院等のための乗車又は降車の介助（以下、通院等乗降介助）」です。基本的には通知をよく読んで理解していただくしかないものです。当該通知に該当しないものは一切認められませんので留意してください。通知文の要点のみをまとめておきます。

・訪問介護員が車の運転も含めて1人で対応する場合には、原則として「通院等乗降介助」の単位を算定すること。

・ただし、平成15年5月8日付厚生労働省通知の(2)及び(3)に該当する場合のみ、「身体介護中心型」の単位で算定すること。

・さらには、「通院等乗降介助」の単位を算定した場合には、別に「身体介護中心型」の単位は算定できないこと。

　そして、「通院等乗降介助」の目的は車両の乗降時の身体に対する介助であることを理解し、他の場所（病院など）への移送を目的としているものではないことも認識してください。移送に対する対価は、別に運送料（運賃）で対応することになります。

　ただし、やはり現場での判断を求める部分もかなり残されていますので、以下に大まかな考え方を示しておきます。

　まず、「通院等乗降介助」の「等」の解釈ですが、基本的には通院のために利用されるものであることが中心になります。ただし、日常生活上必要な目的であれば、他にも認められるものであるとされています。

　具体的には、

・日用必需品の買い物

- 生活費の払い戻しや公共料金等の支払いのための金融機関
- 通所、入所施設への見学
- 官公庁への届出および選挙投票
- 身体状況を安定・回復させる上で必要と認められる場合に限った医療保険適用外の治療・施術などの送迎

に限られます。

「等」の解釈としては該当しないもの（算定不可）としては、
- 日用品以外（家電・家具・被服・娯楽品・お中元、お歳暮など）の買い物
- 趣味娯楽の目的での外出
- 冠婚葬祭
- 気晴らしのドライブ
- お墓参り

などです。

　ついで、院内での介助の可否ですが、基本的には院内での介助は医療機関の職員によってなされるものです。しかし、医療機関によってはまったく対応できないという所や、待合室での見守りや目配りは可能であるがトイレなどの対応まではできない、病院の対応（業務）は診察室内に限るなど、対応の範囲に差異があるのが現状のようです。利用者の状況と、受診する医療機関の対応を事前に口頭で確認・検討し、医療機関側での対応だけでは、院内での行動が十分に確保できないという判断を持って、以下の条件を全て満たす場合には、院内の介助も含めて算定の対象となりうる場合があります。

- 利用者の身体状況が「自立生活支援のための見守り的援助」や「直接的な介助」を要する状態であること。
- 受付、会計、処方箋の対応、薬剤の授受等において援助が必要であること。
- 家族（同居・別居を問わず）による支援が不可能であること。

　「自立生活支援のための見守り的援助」とは、院内の移動や移乗や手続きにおいて、おおむね可能であるが、転倒や場所の判断、手続きの詳細などにおいて問題が生じやすい状態であって、見守りながら確認や声かけを要する状態をいいます。
　「直接的な介助」とは、本人が院内の移動、移乗が１人では困難なため、介助者が主体となって移動や移乗など身体的な援助を要する状態をいいます。

　なお、院内介助を行う場合には、あくまでも以上の条件を満たした上での対応であることをケアプランや訪問介護計画書に明記し、利用者・家族等に周知することが必要です。実施に際しては、単なる待ち時間や、診察室内（医療保険の算定につき介護保険は算定不可）など、介助を要しない状態になった時間帯を詳細に記録し、算定の対象から除くことが必要です。

なお、このことについては、保険者によって判断が異なることが予想されますので、実施に当たっては事前に保険者とご相談、ご確認をお願いします。

○医師法第17条、歯科医師法第17条及び保健師助産師看護師法第31条の解釈について（通知）

平成17年７月26日　医政発第0726005号
都道府県知事あて厚生労働省医政局長通知

　医師、歯科医師、看護師等の免許を有さない者による医業（歯科医業を含む。以下同じ。）は、医師法第17条、歯科医師法第17条及び保健師助産師看護師法第31条その他の関係法規によって禁止されている。ここにいう「医業」とは、当該行為を行うに当たり、医師の医学的判断及び技術をもってするのでなければ人体に危害を及ぼし、又は危害を及ぼすおそれのある行為（医行為）を、反復継続する意思をもって行うことであると解している。

　ある行為が医行為であるか否かについては、個々の行為の態様に応じ個別具体的に判断する必要がある。しかし、近年の疾病構造の変化、国民の間の医療に関する知識の向上、医学・医療機器の進歩、医療・介護サービスの提供の在り方の変化などを背景に、高齢者介護や障害者介護の現場等において、医師、看護師等の免許を有さない者が業として行うことを禁止されている「医行為」の範囲が不必要に拡大解釈されているとの声も聞かれるところである。

　このため、医療機関以外の高齢者介護・障害者介護の現場等において判断に疑義が生じることの多い行為であって原則として医行為ではないと考えられるものを別紙の通り列挙したので、医師、看護師等の医療に関する免許を有しない者が行うことが適切か否か判断する際の参考とされたい。

　なお、当然のこととして、これらの行為についても、高齢者介護や障害者介護の現場等において安全に行われるべきものであることを申し添える。

（別紙）

1　水銀体温計・電子体温計により腋下で体温を計測すること、及び耳式電子体温計により外耳道で体温を測定すること

2　自動血圧測定器により血圧を測定すること

3　新生児以外の者であって入院治療の必要がないものに対して、動脈血酸素飽和度を測定するため、パルスオキシメータを装着すること

4　軽微な切り傷、擦り傷、やけど等について、専門的な判断や技術を必要としない処置をすること（汚物で汚れたガーゼの交換を含む。）

5　患者の状態が以下の３条件を満たしていることを医師、歯科医師又は看護職員が確認し、これらの免許を有しない者による医薬品の使用の介助ができることを本人又は家族に伝えている場合に、事前の本人又は家族の具体的な依頼に基づき、医師の処方を受け、あらかじめ薬袋等により患者ごとに区分し授与された医薬品について、医師又は歯科医師の処方及び薬剤師の服薬指導の上、看護職員の保健指導・助言を遵守した医薬品の使用を介助すること。具体的には、皮膚への軟膏の塗布（褥瘡の処置を除く。）、皮膚への湿布の貼付、点眼薬の点眼、一包化された内用薬の内服（舌下錠の使用も含む）、肛門からの坐薬挿入又は鼻腔粘膜への薬剤噴霧を介助すること。

① 患者が入院・入所して治療する必要がなく容態が安定していること

② 副作用の危険性や投薬量の調整等のため、医師又は看護職員による連続的な容態の経過観察が必要である場合ではないこと

③ 内用薬については誤嚥の可能性、坐薬については肛門からの出血の可能性など、当該医薬品の使用の方法そのものについて専門的な配慮が必要な場合ではないこと

注1　以下に掲げる行為も、原則として、医師法第17条、歯科医師法第17条及び保健師助産師看護師法第31条の規制の対象とする必要がないものであると考えられる。

① 爪そのものに異常がなく、爪の周囲の皮膚にも化膿や炎症がなく、かつ、糖尿病等の疾患に伴う専門的な管理が必要でない場合に、その爪を爪切りで切ること及び爪ヤスリでやすりがけすること

② 重度の歯周病等がない場合の日常的な口腔内の刷掃・清拭において、歯ブラシや綿棒又は巻き綿子などを用いて、歯、口腔粘膜、舌に付着している汚れを取り除き、清潔にすること

③ 耳垢を除去すること（耳垢塞栓の除去を除く）

④ ストマ装具のパウチにたまった排泄物を捨てること。（肌に接着したパウチの取り替えを除く。）

⑤ 自己導尿を補助するため、カテーテルの準備、体位の保持などを行うこと

⑥ 市販のディスポーザブルグリセリン浣腸器（※）を用いて浣腸すること

　※　挿入部の長さが5から6センチメートル程度以内、グリセリン濃度50%、成人用の場合で40グラム程度以下、6歳から12歳未満の小児用の場合で20グラム程度以下、1歳から6歳未満の幼児用の場合で10グラム程度以下の容量のもの

注2　上記1から5まで及び注1に掲げる行為は、原則として医行為又は医師法第17条、歯科医師法第17条及び保健師助産師看護師法第31条の規制の対象とする必要があるものでないと考えられるものであるが、病状が不安定であること等により専門的な管理が必要な場合には、医行為であるとされる場合もあり得る。このため、介護サービス事業者等はサービス担当者会議の開催時等に、必要に応じて、医師、歯科医師又は看護職員に対して、そうした専門的な管理が必要な状態であるかどうか確認することが考えられる。さらに、病状の急変が生じた場合その他必要な場合は、医師、歯科医師又は看護職員に連絡を行う等の必要な措置を速やかに講じる必要がある。

　また、上記1から3までに掲げる行為によって測定された数値を基に投薬の要否など医学的な判断を行うことは医行為であり、事前に示された数値の範囲外の異常値が測定された場合には医師、歯科医師又は看護職員に報告するべきものである。

注3　上記1から5まで及び注1に掲げる行為は原則として医行為又は医師法第17条、歯科医師法第17条及び保健師助産師看護師法第31条の規制の対象とする必要があるものではないと考えられるものであるが、業として行う場合には実施者に対して一定の研修や訓練が行われることが望ましいことは当然であり、介護サービス等の場で就労する者の研修の必要性を否定するものではない。

　また、介護サービスの事業者等は、事業遂行上、安全にこれらの行為が行われるよう監督することが求められる。

注4　今回の整理はあくまでも医師法、歯科医師法、保健師助産師看護師法等の解釈に関するものであり、事故が起きた場合の刑法、民法等の法律の規定による刑事上・民事上の責任は別途判断されるべきものである。

注5　上記1から5まで及び注1に掲げる行為について、看護職員による実施計画が立てられている場合は、具体的な手技や方法をその計画に基づいて行うとともに、その結果について報告、相談することにより密接な連携を図るべきである。上記5に掲げる医薬品の使用の介助が福祉施設等において行われる場合には、看護職員によって実施されることが望ましく、また、その配置がある場合には、その指導の下で実施されるべきである。

注6　上記4は、切り傷、擦り傷、やけど等に対する応急手当を行うことを否定するものではない。

◯医師法第17条、歯科医師法第17条及び保健師助産師看護師法第31条の解釈について （その２）

令和４年12月１日　医政発1201第４号
都道府県知事あて厚生労働省医政局長通知

　医師、歯科医師、看護師等の免許を有さない者による医業（歯科医業を含む。以下同じ。）は、医師法第17条、歯科医師法第17条及び保健師助産師看護師法第31条その他の関係法規によって禁止されている。ここにいう「医業」とは、当該行為を行うに当たり、医師の医学的判断及び技術をもってするのでなければ人体に危害を及ぼし、又は危害を及ぼすおそれのある行為（医行為）を、反復継続する意思をもって行うことであると解している。

　ある行為が医行為であるか否かについては、個々の行為の態様に応じ個別具体的に判断する必要があるが、介護現場等において医行為であるか否かについて判断に疑義が生じることの多い行為であって原則として医行為でないと考えられるもの等については、これまで、「医師法第17条、歯科医師法第17条及び保健師助産師看護師法第31条の解釈について（通知）」（平成17年７月26日付け医政発第0726005号厚生労働省医政局長通知。以下「平成17年通知」という。）等においてお示ししてきたところである。

　今般、規制改革実施計画（令和２年７月17日閣議決定）において、平成17年通知に記載のない行為のうち、介護現場で実施されることが多いと考えられる行為を中心に、医行為ではないと考えられる行為を整理し、周知した上で、介護職員がそれらの行為を安心して行えるよう、ケアの提供体制について本人、家族、介護職員、看護職員、主治医等が事前に合意するプロセスを明らかにすることとされた。

　これを踏まえ、医療機関以外の介護現場で実施されることが多いと考えられる行為であって、原則として医行為ではないと考えられるもの及び当該行為を介護職員が行うに当たっての患者や家族、医療従事者等との合意形成や協力に関する事項について別紙のとおり列挙したので、医師、看護師等の医療に関する免許を有しない者が行うことが適切か否か判断する際や、ケアの提供体制について検討する際の参考とされたい。

　なお、本通知については、厚生労働省社会・援護局及び老健局と調整済みである。また、当然のこととして、医行為に該当しない行為についても、高齢者介護の現場等において安全に行われるべきものであり、また、行為の実施に当たっては、患者の状態を踏まえ、医師、歯科医師又は看護職員と連携することや、必要に応じてマニュアルの作成や医療従事者による研修を行うことが適当であることを申し添える。

　（別紙）

　（在宅介護等の介護現場におけるインスリンの投与の準備・片付け関係）

１　在宅介護等の介護現場におけるインスリン注射の実施に当たって、あらかじめ医師から指示されたタイミングでの実施の声かけ、見守り、未使用の注射器等の患者への手渡し、使い終わった注射器の片付け（注射器の針を抜き、処分する行為を除く。）及び記録を行うこと。

２　在宅介護等の介護現場におけるインスリン注射の実施に当たって、患者が血糖測定及び血糖値の確認を行った後に、介護職員が、当該血糖値があらかじめ医師から指示されたインスリン注射を実施する血糖値の範囲と合致しているかを確認すること。

３　在宅介護等の介護現場におけるインスリン注射の実施に当たって、患者が準備したインスリン注射器の目盛

りが、あらかじめ医師から指示されたインスリンの単位数と合っているかを読み取ること。

（血糖測定関係）

4　患者への持続血糖測定器のセンサーの貼付や当該測定器の測定値の読み取りといった、血糖値の確認を行うこと。

（経管栄養関係）

5　皮膚に発赤等がなく、身体へのテープの貼付に当たって専門的な管理を必要としない患者について、既に患者の身体に留置されている経鼻胃管栄養チューブを留めているテープが外れた場合や、汚染した場合に、あらかじめ明示された貼付位置に再度貼付を行うこと。

6　経管栄養の準備（栄養等を注入する行為を除く。）及び片付け（栄養等の注入を停止する行為を除く。）を行うこと。なお、以下の3点については医師又は看護職員が行うこと。

　①　鼻からの経管栄養の場合に、既に留置されている栄養チューブが胃に挿入されているかを確認すること。

　②　胃ろう・腸ろうによる経管栄養の場合に、び爛や肉芽など胃ろう・腸ろうの状態に問題がないことを確認すること。

　③　胃・腸の内容物をチューブから注射器でひいて、性状と量から胃や腸の状態を確認し、注入内容と量を予定通りとするかどうかを判断すること。

（喀痰吸引関係）

7　吸引器に溜まった汚水の廃棄や吸引器に入れる水の補充、吸引チューブ内を洗浄する目的で使用する水の補充を行うこと。

（在宅酸素療法関係）

8　在宅酸素療法を実施しており、患者が援助を必要としている場合であって、患者が酸素マスクや経鼻カニューレを装着していない状況下における、あらかじめ医師から指示された酸素流量の設定、酸素を流入していない状況下における、酸素マスクや経鼻カニューレの装着等の準備や、酸素離脱後の片付けを行うこと。ただし、酸素吸入の開始（流入が開始している酸素マスクや経鼻カニューレの装着を含む。）や停止（吸入中の酸素マスクや経鼻カニューレの除去を含む。）は医師、看護職員又は患者本人が行うこと。

9　在宅酸素療法を実施するに当たって、酸素供給装置の加湿瓶の蒸留水を交換する、機器の拭き取りを行う等の機械の使用に係る環境の整備を行うこと。

10　在宅人工呼吸器を使用している患者の体位変換を行う場合に、医師又は看護職員の立会いの下で、人工呼吸器の位置の変更を行うこと。

（膀胱留置カテーテル関係）

11　膀胱留置カテーテルの蓄尿バックからの尿廃棄（DIBキャップの開閉を含む。）を行うこと。

12　膀胱留置カテーテルの蓄尿バックの尿量及び尿の色の確認を行うこと。

13　膀胱留置カテーテル等に接続されているチューブを留めているテープが外れた場合に、あらかじめ明示された貼付位置に再度貼付を行うこと。

14　専門的管理が必要無いことを医師又は看護職員が確認した場合のみ、膀胱留置カテーテルを挿入している患者の陰部洗浄を行うこと。

（服薬等介助関係）

15　患者の状態が以下の3条件を満たしていることを医師、歯科医師又は看護職員が確認し、これらの免許を有しない者による医薬品の使用の介助ができることを本人又は家族等に伝えている場合に、事前の本人又は家族

等の具体的な依頼に基づき、医師の処方を受け、あらかじめ薬袋等により患者ごとに区分し授与された医薬品について、医師又は歯科医師の処方及び薬剤師の服薬指導の上、看護職員の保健指導・助言を遵守した医薬品の使用を介助すること。具体的には、水虫や爪白癬にり患した爪への軟膏又は外用液の塗布（褥瘡の処置を除く。）、吸入薬の吸入及び分包された液剤の内服を介助すること。

① 患者が入院・入所して治療する必要がなく容態が安定していること

② 副作用の危険性や投薬量の調整等のため、医師又は看護職員による連続的な容態の経過観察が必要である場合ではないこと

③ 内用薬については誤嚥の可能性など、当該医薬品の使用の方法そのものについて専門的な配慮が必要な場合ではないこと

（血圧等測定関係）

16 新生児以外の者であって入院治療の必要ないものに対して、動脈血酸素飽和度を測定するため、パルスオキシメーターを装着し、動脈血酸素飽和度を確認すること。

17 半自動血圧測定器（ポンプ式を含む。）を用いて血圧を測定すること。

（食事介助関係）

18 食事（とろみ食を含む。）の介助を行うこと。

（その他関係）

19 有床義歯（入れ歯）の着脱及び洗浄を行うこと。

注1 在宅酸素療法を実施するに当たって、酸素流入中の酸素マスクや経鼻カニューレがずれ、次のいずれかに該当する患者が一時的に酸素から離脱（流入量の減少を含む。）したことが見込まれる場合に、当該酸素マスクや経鼻カニューレを元の位置に戻すことも、原則として、医師法第17条、歯科医師法第17条及び保健師助産師看護師法第31条の規制の対象とする必要がないものであると考えられる。

・肢体不自由等により、自力で酸素マスクや経鼻カニューレを戻すことが困難である患者

・睡眠中や意識がない状態で、自力で酸素マスクや経鼻カニューレを戻すことが困難である患者

注2 前記1から19まで及び注1に掲げる行為は、原則として医行為又は医師法第17条、歯科医師法第17条及び保健師助産師看護師法第31条の規制の対象とする必要があるものでないと考えられるものであるが、病状が不安定であること等により専門的な管理が必要な場合には、医行為であるとされる場合もあり得る。このため、介護サービス事業者等はサービス担当者会議の開催時等に、必要に応じて、医師、歯科医師又は看護職員に対して、そうした専門的な管理が必要な状態であるかどうか確認することが考えられる。さらに、病状の急変が生じた場合その他必要な場合は、医師、歯科医師又は看護職員に連絡を行う等の必要な措置を速やかに講じる必要がある。

また、前記1から4までに掲げる行為については、患者の血糖値や食事摂取量等が不安定でないことが必要である。

さらに、前記2、4、16及び17に掲げる行為によって測定された数値を基に投薬の要否など医学的な判断を行うことは医行為であり、事前に示された数値の範囲外の異常値が測定された場合には医師、歯科医師又は看護職員に報告するべきものである。

注3 前記1から19まで及び注1に掲げる行為は原則として医行為又は医師法第17条、歯科医師法第17条及び保

健師助産師看護師法第31条の規制の対象とする必要があるものではないと考えられるものであるが、その実施に当たっては、当然ながら患者本人や家族に対して分かりやすく、適切な説明を行うとともに、介護職員等の実施する行為について患者本人や家族が相談を行うことができる環境作りに努めることが望ましい。また、必要に応じて、注2のサービス担当者会議の開催時等に医師、歯科医師又は看護職員に相談する、必要に応じて書面等で指示を受ける、ケアの実施後に医師、歯科医師又は看護職員に報告を行う等して適切に連携することが望ましい。

注4　前記1から19まで及び注1に掲げる行為は原則として医行為又は医師法第17条、歯科医師法第17条及び保健師助産師看護師法第31条の規制の対象とする必要があるものではないと考えられるものであるが、業として行う場合には実施者に対して一定の研修や訓練が行われることが望ましいことは当然であり、介護サービス等の場で就労する者の研修の必要性を否定するものではない。

　　　また、介護サービスの事業者等は、事業遂行上、安全にこれらの行為が行われるよう監督することが求められる。

注5　今回の整理はあくまでも医師法、歯科医師法、保健師助産師看護師法等の解釈に関するものであり、事故が起きた場合の刑法、民法等の法律の規定による刑事上・民事上の責任は別途判断されるべきものである。

注6　前記1から19まで及び注1に掲げる行為について、看護職員による実施計画が立てられている場合は、具体的な手技や方法をその計画に基づいて行うとともに、その結果について報告、相談することにより密接な連携を図るべきである。前記15に掲げる服薬等の介助が福祉施設等において行われる場合には、看護職員によって実施されることが望ましく、また、その配置がある場合には、その指導の下で実施されるべきである。

○介護職員等の実施する喀痰吸引等の取扱いについて（通知）

> 平成24年3月29日　医政発0329第14号・老発0329第7号・社援発0329第19号
> 都道府県知事あて厚生労働省医政局長老健局長社会・援護局長通知

　標記については、「ALS（筋萎縮性側索硬化症）患者の在宅療養の支援について」（平成15年7月17日付け医政発第0717001号）、「盲・聾・養護学校におけるたんの吸引等の取扱いについて」（平成16年10月20日付け医政発第1020008号）、「在宅におけるALS以外の療養患者・障害者に対するたんの吸引の取扱いについて」（平成17年3月24日付け医政発第0324006号）及び「特別養護老人ホームにおけるたんの吸引等の取扱いについて」（平成22年4月1日付け医政発0401第17号）（以下「喀痰吸引関連4通知」という。）により、介護職員が喀痰吸引等を実施することがやむを得ないと考えられる条件について示してきたところである。

　今般、介護サービスの基盤強化のための介護保険法等の一部を改正する法律（平成23年法律第72号）（以下、「法」という。）の施行に伴い、介護職員等による喀痰吸引等（改正後の社会福祉士及び介護福祉士法施行規則で定める行為に限る。以下同じ。）の実施について、下記のとおりとなるので、貴職におかれては、管内の市町村、関連機関、関連団体及び各特別養護老人ホーム等に周知いただくとともに、制度の円滑な実施に向けて特段の配慮をお願いしたい。

記

　介護職員等による喀痰吸引等については、平成24年4月1日から、改正後の社会福祉士及び介護福祉士法（昭和62年法律第30号。以下「改正法」という。）に基づき行われることとなること。

　このため、改正法に基づかず実施している事実が確認された場合においては、できる限り速やかに改正法に基づいた適用手続を促すべきであること。具体的には、改正法施行の平成24年度前に喀痰吸引等の行為を実施していた者については、認定特定行為業務従事者認定証の交付申請及び当該者が属する事業所における登録喀痰吸引等事業者の登録手続をできる限り速やかに行うよう周知すること。

　また平成24年4月以降に喀痰吸引関連4通知で示した研修を実施しても、改正法の経過措置に基づく特定行為業務従事者の認定は受けられないことに誤解なきよう対応されたい。

　なお、改正法に基づかない介護職員等の喀痰吸引等がやむを得ないものかどうかは個別具体的に判断されることになるが、その際、喀痰吸引等は原則として改正法に基づいて実施されるべきであることも勘案された上で判断されることとなると考えられること。

┃解　釈

　昨今の医療依存度の高い要介護者の在宅療養の急増により、在宅医療体制の整備が急務とされていますが、全国平準的には磐石とはいいがたい状況です。一方で、実際に在宅で療養している方への対応は、日々欠かせない状態で今現在も経過しており、やむをえない状況の中で、介護職の「医療的対応」への緩和が進められています。

かつて「社会福祉士及び介護福祉士法」が改正され、平成24年4月1日より介護職員等による喀痰吸引および経管栄養の行為が合法化されました。それまでは「ＡＬＳ（筋萎縮性側索硬化症）患者の在宅療養の支援について」（H15.7.17医政発第0717001号）および「在宅におけるALS以外の療養患者・障害者に対するたんの吸引の取扱いについて」（H17.3.24医政発第0324006号）通知において、法的な根拠を持たずに行うことを認めた「実質的違法性阻却事例」として喀痰の吸引が一定条件の下、容認されてきました。

　しかし、増え続ける介護現場での喀痰吸引と経管栄養のニーズは、医療職のみによっての対応が追い付かず、合法的に介護職によって行う必要性が議論されてきました。このことにより合法化されたわけですが、ここまでの経緯にはかなりの反対意見があったことも看過できません。その理由をみると、それぞれの立場によって主張する論点は異なるようですが、趣旨としてまとめるならば以下のようになります。

- ・そもそも介護職は医療行為を行う専門職ではなく、単に医療職の人手が足りないからという理由で、それを補うために介護職が使われることに違和感を感じる。
- ・医療行為として今まで位置づけられてきた理由は、その実施において専門的な知識・技術を要するためであり、その取得には数年間に及ぶ学術的な教育と臨床経験が欠かせないものであり、にわかに研修等を行うことのみを持って実施することを容認するには危険性を伴う。

などです。

　いずれにせよ、この合法化によって介護職等による喀痰吸引と経管栄養の実施が可能となったわけですが、実施までには研修受講や事業所登録の申請などいくつかの条件が付されていますので、すべての介護職が現在の職場ですぐに対応できるわけではありません。さらには、基本的には医療的行為の緩和施策をもって介護職の本質的な業務が拡大されたとみなすものではないことも念頭に置いてください。

　この際に合法化された喀痰吸引と経管栄養の実施は、「改正社会福祉士及び介護福祉士法」において、要件を満たす事業所において介護職等が「業」として行える旨の記載があるため、介護保険制度において訪問介護は身体介護として算定できることとされました。しかしその他の「医師法第17条、歯科医師法第17条及び保健師助産師看護師法第31条の解釈について（H17.7.26医政発第0726005号）」通知にある医療的行為に関しては訪問介護事業所が業務として介護報酬より収入を得ることは依然としてできないということになります。

　また、この合法化された行為と、「医師法第17条、歯科医師法第17条及び保健師助産師看護師法第31条の解釈について」（H17.7.26医政発第0726005号）「医師法第17条、歯科医師法第17条及び保健師助産師看護師法第31条の解釈について（その２）」（R4.12.1医政発1201第4号）通知の内容以外の医療行為は介護職には認められていません。つまり医療法等の違反になります。ただし、通知にもあるように、急性増悪、急変時における蘇生術などの緊急対応に関してはこの限りではありません。

　なお、本通知によって、通知内容の行為に関してはとりあえずはホームヘルパーによる対応が可能となりましたが、であるからといって一律にすべてのホームヘルパーに無条件に認められたとは考えないでください。これらの行為は、実際には相当な訓練と技術と、さらには経験が求められるものです。ですから、これらの行為を一度も経験したことのないホームヘルパーに現場でいきなり実施させ

るようなことは避けてください。

　実施せざるを得ない現場が発生した場合には、サービス担当者会議等にて必要に応じ、医師又は看護師等によって、これらの行為が必要であることの確認を取ります。その上で可能なかぎり医療機関や訪問看護事業所との協力において、看護師などの医療従事者からの実技指導を、担当するホームヘルパーすべてが事前に複数回受講することが求められます。

　さらには、現場での事故が発生した場合には、実施者側の責任に帰するものであるため、万一に備え、通常の訪問介護サービスに対する損害賠償保険での対応が可能かどうかも事前に加入保険会社に確認をしておいてください。

　以上のように、実施に当たってはくれぐれも事前の体制作りを整えたうえでお願いします。

　また、ストーマ装具の交換については、上記の通知において触れられていないため、平成23年6月5日に公益社団法人日本オストミー協会が厚生労働省に対して紹介を行った結果、「接着面に皮膚保護機能を有するストーマ装具については、ストーマ及びその周辺の状態が安定している場合等、専門的な管理が必要とされない場合には、その剥離による障害等のおそれは極めて低いことから、当該ストーマ装具の交換は原則として医行為には該当しない」との回答を平成23年7月5日に受けました。よって、ストーマ装具の交換も、上記のような解釈が準用されます。実施する際には、事前の通知内容に該当するかの判断および細心の注意を払ったうえで行ってください。

　いずれにしても、優先順位は訪問診療などの医師および訪問看護などの体制を整えることです。そのうえで、「それらを補う必要がある場合に訪問介護での対応が認められた」と解釈することが妥当です。

○適切な訪問介護サービス等の提供について

平成21年7月24日　事務連絡

都道府県介護保険主管課（室）あて厚生労働省老健局振興課通知

　訪問介護におけるサービスの内容等については、介護保険法第8条等に規定されているほか、「訪問介護におけるサービス行為ごとの区分等について」（平成12年老計第10号通知。以下「老計10号」という。）において示しているところですが、そのサービス行為ごとの区分は、例示として示したものであり、適切なケアマネジメントに基づくものであって、かつ保険者の個別具体的な判断により必要と認められるサービスについては、保険給付の対象となります。

　こうした介護保険制度の趣旨を踏まえ、各都道府県におかれましては、訪問介護サービス等が保険給付の対象となるかについては下記のとおりの取扱いである旨を、管内の市区町村に対して改めて周知していただきますとともに、介護サービス事業者、関係団体、利用者等に対して幅広い情報提供をしていただくようお願いいたします。

記

1　保険者にあっては、利用者にとって真に適切な介護保険サービスが提供されるよう、行為の内容のみで一律機械的に保険給付の支給の可否を判断することなく、必要に応じて介護支援専門員等からの情報を得るなどし、個々の利用者の状況等に応じた判断をされたいこと。

2　例えば、「訪問介護員等の散歩の同行」は、自立支援、日常生活動作向上の観点から、安全を確保しつつ常時介助できる状態で行うものであって、利用者の自立支援に資する（例えば、ケアプランにおける長期目標又は短期目標等に示された目標を達成するために必要な行為である）ものとしてケアプランに位置づけられるような場合については、老計10号別紙「1　身体介護」の「1-6　自立生活支援のための見守り的援助（自立支援、ADL向上の観点から安全を確保しつつ常時介助できる状態で行う見守り等）」に該当するものと考えられることから、保険者が個々の利用者の状況等に応じ必要と認める場合において、訪問介護費の支給対象となりうるものであること。

┃解　釈

　この通知によって、かなり拡大解釈がなされることが危惧されます。

　まず、「訪問介護におけるサービス行為ごとの区分等について」（以下、区分通知）はあくまでも例示であるとのことですが、やはり基準として活用していただきたいと考えます。区分通知に全く記載がないサービス種類を、適切なケアマネジメントおよび保険者の個別具体的な判断の双方を経て給付を認めるためには、現状ではかなりハードルが高い作業といえます。保険者の立場からも、区分通知

にないサービスを給付対象として認めることは、その後の現場での拡大解釈を防ぐためにも、かなり困難を呈するのではないでしょうか。

　この通知が出された背景には、一部保険者によって、区分通知の文言どおりにそぐわないものは一切給付を認めないといった、極端に幅が狭い解釈が行われている現状を回避するために出されたもので、拡大解釈を推奨するものではありません。よって、手放しで訪問介護のメニューがケアマネジメントと保険者の判断で広がることを好しとしているとは解釈しない方がよいでしょう。

　例えば、解釈において給付が認められるものとしては、1－1排泄の具体的方法の中に、「尿器・便器」での対応のコードはありません。だからといって、尿器・便器での排泄介助は給付しないとの解釈はかなり幅が狭い解釈といえるでしょう。このよう場合には通知の読み解き方として給付は認められると判断します。

　あるいは、調理のコードの中に「配膳、後片付けのみ」とありますが、例えば、床に落ちた食べこぼしをきれいにする行為を制限するものではありません。床に落ちた食べこぼしをきれいにする行為は「掃除」の区分だから、その利用者との契約に掃除はないので放っておく、などといった解釈はしないでください。当然のこととして、下膳時に食べこぼしをみつけたら床をきれいにすることが相応しいといえます。そして、そのことをも含めて調理の給付対象になります。

　さらに、本通知は、「訪問介護員等の散歩の同行」についても言及しています。これも、手放しで散歩が認められたわけではないことを認識してください。そもそも「散歩」という表現でおこなう外の歩行は余暇ですので、余暇としての散歩は「自立支援に資する」とは解釈できません。通常の余暇としての散歩の目的は、息抜き、気分転換、時間つぶし、歩くことは健康に良い、といった動機が背景にあると思います。これらの目的を介護保険という社会保障で、保険事故の補償として対応することには違和感を感じます。

　この通知でいわれていることは、あくまでも「要介護状態になったことで生じた不利を改善させるため」でなければならないということです。半身不随によって生じた下肢筋力の向上を目的とするとか、精神疾患によって閉じこもってしまうことを回避するために外に連れ出すとか、歩行の機会を支援することで、やがては自立した歩行が可能になることを目的とした場合などには、形態的に散歩のように外を歩くことも制限しない、と解釈した方がよいでしょう。そして、それは「余暇としての散歩」という目的ではないと解釈できます。「言葉の遊び」的ですが、これらの目的で行われる外での歩行は、ケアプランや訪問介護計画書等にサービス内容として位置づける際にも「散歩」という名称を用いない方が妥当かもしれません。「外での歩行練習」や「気持ちを安定させるための外出支援」などの表記になりますでしょうか。

　なお、従来の解釈どおりその先に何らかの目的があって、その場所まで歩行を支援することは「日常生活支援のための見守り的援助（身体介護）」として給付対象となります。例えば、通院や買い物などにおいて、そこまでの道程をホームヘルパーと一緒に歩いて行くことはなんら問題はありません。しかし、そのことを「こじ付け」として、散歩をしたいがためにあえて行き先を設定するようなことは不適切といえます。

　結局は現場でどう判断するかによってしまうのですが、まずは利用者本人の気持（意向）があって、そのうえでケアマネジャーをはじめ、サービス担当者の良識と専門性によって適切に判断されること

が求められる部分でしょう。そしてこのことも「保険者の判断による」とされていますので、外での歩行練習などを支援する場合には、ケアチームで協議したのちに、その記録書類などを添えて保険者の事前の確認を要すると解釈できます。

　保険者の給付を認める交渉はハードルが高い作業のように感じますが、自立支援という基本が共有されていれば自信をもって交渉に臨んでいただきたいと思います。

　ちなみに、このことが議論されるときに、施設（特別養護老人ホームなど）では散歩が認められているのに、同じ介護保険サービスの訪問介護で散歩を認めないのはおかしい、という意見もあるようですが、施設サービスと訪問サービスを比較検討すること自体、限界があると感じます。施設は24時間365日にわたって利用者の生活すべてを支援する必要があるため、当然、通常の高齢者が日常生活において行われる活動を施設においても可能としなければなりません。本来は介護保険制度において給付される施設費は、食事・排泄・入浴などの介護に対して保障されるべきものと解釈できます。しかし、だからといってその他の日常生活の活動を制限したり、別料金で対応すること自体、施設の運営において無理が生じますし、施設での生活は非常に窮屈なものになってしまいます。

　よって、施設内においては日々の生活活動をも確保し対応していると解釈できます。一方の訪問介護などの訪問系サービスは、短時間において目的を明確に提供されるべきものですので、本来のサービス行為のみを保証するという特徴を有しています。このことから、そもそも双方の意義や目的が異なるため、比較することには無理があるといえます。

○同居家族等がいる場合における訪問介護サービス及び介護予防訪問介護サービスの生活援助等の取扱いについて

平成19年12月20日　事務連絡
都道府県介護保険主管課（室）あて厚生労働省老健局振興課通知

　同居家族等がいる場合における訪問介護サービス及び介護予防訪問介護サービスの生活援助等の取扱いについては、自立支援に資する必要なサービスが提供されるという介護保険の基本理念に基づき、従来より下記のとおりの取扱いとしてきたところであり、厚生労働省としては、全国会議等を通じて周知を図ってきたところであります。

　介護保険制度においては、利用者の状況に応じた適切なケアプランに基づき利用者に必要なサービスが提供されるべきであるところ、一部の市町村においては、個別具体的な状況を踏まえないで、同居家族等がいることのみを判断基準として、一律機械的にサービスに対する介護給付の支給の可否について決定しているとの情報が寄せられていることから、各都道府県におかれましては、管下の市町村に対して、訪問介護サービス及び介護予防訪問介護サービスにおける「同居家族等」については、下記のとおりの取扱いである旨を改めて周知を徹底していただくとともに、介護サービス事業者、関係団体、利用者等に対しても幅広く情報提供していただきますようお願いいたします。

記

1　訪問介護サービスのうち、「生活援助」については、「指定居宅サービスに要する費用の額の算定に関する基準」（平成12年厚生省告示第19号）において、「単身の世帯に属する利用者又は家族若しくは親族（以下「家族等」という。）と同居している利用者であって、当該家族等の障害、疾病等の理由により、当該利用者又は当該家族等が家事を行うことが困難であるもの」に対して行われるものとしており、さらに、「指定居宅サービスに要する費用の額の算定に関する基準及び指定居宅介護支援に要する費用の額の算定に関する基準の制定に伴う実施上の留意事項について」（平成12年老企第36号）において、「障害、疾病のほか、障害、疾病がない場合であっても、同様のやむを得ない事情により、家事が困難な場合」に行われることとしている。

　この趣旨は、同様のやむを得ない事情とは、障害、疾病の有無に限定されるものではなく、個々の利用者の状況に応じて具体的に判断されるというものである。したがって、市町村においては、同居家族等の有無のみを判断基準として、一律に介護給付の支給の可否を機械的に判断しないようにされたい。

2　介護予防訪問介護サービスについては、「指定介護予防サービス等の事業の人員、設備及び運営並びに指定介護予防サービス等に係る介護予防のための効果的な支援の方法に関する基準」（平成18年厚生労働省令第35号）において、「利用者が、可能な限り、自ら家事等を行うことができるよう配慮するとともに、利用者の家族、地域の住民による自主的な取組等による支援、他の福祉サービスの利用の可能性についても考慮しなければならないこと」としているが、上記1と同様に、市町村においては、同居家族等の有無のみを判断基準として、一律に予防給付の支給の可否を機械的に判断するのではなく、個々の利用者の状況に応じて、適切に判断されたい。

※介護予防訪問介護サービスは現在存在しませんので削除と解釈してください。

○同居家族等がいる場合における訪問介護サービス等の生活援助等の取扱いについて

平成20年8月25日　事務連絡
都道府県介護保険主管課（室）あて厚生労働省老健局振興課通知

　標記については、「同居家族等がいる場合における訪問介護サービス及び介護予防訪問介護サービスの生活援助等の取扱いについて」（平成19年12月20日付老健局振興課事務連絡）及び平成20年2月27日全国介護保険・高齢者保健福祉担当課長会議資料等を通じて、訪問介護サービス等の生活援助等の提供にあたっては、利用者が1人暮らしであるか又は同居家族等の障害、疾病の有無に限定されるものではなく、適切なケアプランに基づき、個々の利用者の状況に応じて具体的に判断されるものであることを改めて周知するとともに、管内市町村、介護サービス事業者、関係団体、利用者等に幅広く情報提供していただくようお願いしているところです。

　しかしながら、先般の国会審議等で、依然として同居家族等の有無のみにより生活援助の提供が判断されていると指摘されていることから、各都道府県におかれては、管内の市町村に対して、生活援助等において同居家族等がいることのみを判断基準として、一律機械的にサービスに対する保険給付の支給の可否について決定することがないよう、改めて周知徹底していただくようお願いいたします。

　なお、訪問介護サービスにおける生活援助の考え方について、具体的なケアマネジメントツールを作成している保険者（川崎市）もありますので、併せて情報提供させていただきます。

○同居家族等がいる場合における訪問介護サービス等の生活援助の取扱いについて

平成21年12月25日　老振発1224第1号
都道府県介護保険主管課（室）長あて厚生労働省老健局振興課長通知

　標記については、「同居家族等がいる場合における訪問介護サービス及び介護予防訪問介護サービスの生活援助等の取扱いについて」（平成20年8月25日付老健局振興課事務連絡）等を通じて、適切なケアプランに基づき、個々の利用者の状況に応じて具体的に判断されるべきものであることを改めて周知するとともに、管内市町村、介護サービス事業者、関係団体、利用者等に幅広く情報提供していただくようお願いしているところです。

　しかしながら、依然として同居家族等の有無のみにより生活援助の提供が判断されているという指摘があることから、各都道府県におかれては、管内の市町村に対して、生活援助等において同居家族等がいることのみを判断基準として、一律機械的にサービスに対する保険給付の支給の可否について決定することがないよう、改めて周知徹底していただくようお願いいたします。

　また、今般別紙のとおり、ご利用者向けに訪問介護サービスの内容をご案内するチラシを参考までに作成いたしましたので、市町村においてご活用されますよう周知願います。

　なお、市町村における周知に係る経費については、介護保険制度の趣旨の徹底や良質な事業展開のために必要な情報の提供に係るものとして地域支援事業を活用することも可能ですので、あわせて管内市町村に周知いただくようお願いいたします。

介護保険制度
訪問介護について
ちょっとしたご案内
厚生労働省

訪問介護ってどのようなサービスですか？

　訪問介護員（ホームヘルパー）が利用者の自宅を訪問して行う次のようなサービスなどのことです。

身体介護

○食事や排せつ、入浴などの介助を行う

生活援助

○掃除や洗濯、食事の準備や調理などを行う

どのような場合に生活援助は利用できますか？

　介護保険で利用できる生活援助は、適切なケアプランに基づき、次のような理由により自ら行うことが困難であると認められた、日常生活上必要な家事の支援です。

○利用者が一人暮らしの場合

○利用者の家族等が障害や疾病等の理由により、家事を行うことが困難な場合

※利用者の家族が障害や疾病でなくても、その他の事情により、家事が困難な場合

　例えば、
　　・家族が高齢で筋力が低下していて、行うのが難しい家事がある場合
　　・家族が介護疲れで共倒れ等の深刻な問題が起きてしまうおそれがある場合
　　・家族が仕事で不在の時に、行わなくては日常生活に支障がある場合
　などがあります。

　上記のように、利用者に同居家族がいるということだけで一律に生活援助が利用できないわけではありません。ご家族の状況等を確認した上で、利用が可能な場合もありますので、担当の介護支援専門員（ケアマネジャー）にご相談下さい。

解　釈

　同居家族がいる場合の生活援助の適用については、常に保険者の解釈に相違があり各地で混乱を招いてきました。たび重なる国からの通知によっても是正がなされず、ケアマネジャーによってもその解釈がまちまちで、平準的な解釈が特に求められるところです。居住地によって保障される基本的なサービスに差異があることは問題です。もちろん、上乗せサービスのような「市町村特別給付」は認められますが、本来保障されるべきサービスが制限されることは好ましくありません。

　このたび重なる通知の内容は同様のものですので、合わせて解釈します。まず、同居家族の解釈は、58ページをご覧ください。

　生活援助は、基本的には一人暮らしの場合に算定ができるものです。「一人暮らし」の定義としては住民基本台帳（住所地 ※）によって独居であることですが、実態として他の同居人がいないことなどを確認して判断することになります。家族・他人（友人、知人など）を問わず、同じ家の中に生活を共にしている人物がいるかどうかがポイントになります。ただし、シェアハウスのような、1つの家を分け合い生活を分離している場合は支援関係にはないことが考えられ、独居とみなすこともできます。

　次に支援の実態を判断します。独居であっても、近所に家族がいて食事・掃除などの支援を受けている、近隣の住人が食事の提供をしてくれている、などの場合にはそちらの支援が優先されます。このような場合、独居であるからといって、無条件で生活援助が算定できるわけではありません。

　※訪問介護などの訪問系サービスや福祉用具貸与、住宅改修は、住所地でサービスを受給することを原則としています。例外的に別居の家族宅に一時預けられて、その地で訪問系のサービスなどを利用しなければならない場合に、住所地の保険者がやむを得ない事態と承認すれば給付される場合もあります。ただし、住宅改修は住所地のみの施工です。

　また、同居家族がいるからといって、一律に生活援助が制限されるわけでもないというのが、これらの通知の趣旨です。通知文にある要件としては、

「利用者の家族等が障害や疾病等の理由により、家事を行うことが困難な場合」として、
　・家族が高齢で筋力が低下していて、行うのが難しい家事がある場合
　・家族が介護疲れで共倒れ等の深刻な問題が起きてしまうおそれがある場合
　・家族が仕事で不在の時に、行わなくては日常生活に支障がある場合　など

となっています。もちろんこれらは一部の例示ですが、これらをもう少し具体的に解釈してみましょう。

　まず、「家族等が障害や疾病等の理由により」ですが、家族等の「等」は、他人でも同居している人などを指しています。「障害や疾病等」は、同居家族（者）も要介護状態等の場合を意味します。当然、家族による家事対応は困難でしょうから、本人への生活援助は認められることになります。さらには、原則としてその家に住所地がある家族も要介護認定を受けていれば、それぞれに対し生活援

90

助サービスが提供できます。

　また、家族等が常時要介護状態ではない場合で、一時的に疾病などで家事対応が困難なのであれば、その間に限って生活援助の導入は可能です。ただし、ケアマネジメント・プロセスを踏んで、きちんとケアプランおよび訪問介護計画書に期間限定での生活援助のニーズが位置づけられることが必要です。

　次に、通知にある具体的な算定事例について解釈します。

・家族が高齢で筋力が低下していて、行うのが難しい家事がある場合

　家事全般において家族も家事が困難な場合や、すべての家事においては支援は要しないが、一部の家事が困難な場合などが想定されます。例えば、掃除が困難であるとか、買い物に行けないなどの場合です。生活援助はそのことのみについて支援が可能となります。ですから、事前の説明がとても大切になります。考えられるトラブルとしては、買い物のみの支援のはずが、いつの間にかあれもこれも頼まれて、ホームヘルパーが断りきれず、それまで家族が行っていた掃除や洗濯まで対応してしまうといった事象です。モニタリングなどで十分に配慮してください。

・家族が介護疲れで共倒れ等の深刻な問題が起きてしまうおそれがある場合

　現にそのような状態になっているのか、あるいはそうなる可能性がかなり高い場合において算定が可能ということです。現に共倒れ状態であれば、迷わず支援の手が差し伸べられるでしょう。一方の、そうなる可能性がかなり高い場合ですが、何時どのタイミングで支援を要すると判断するかが重要になります。基本は家族による支援です。いったん支援を開始すると、終了することは難しくなります。おそらくこのような場合には、その後も継続して支援し続けることになるでしょう。ですから、モニタリングなどを通して支援の開始の判断を適切に行う必要があります。ケアマネジャーを中心に、本人・家族も交え、チームアプローチで判断するようにしてください。

・家族が仕事で不在の時に、行わなくては日常生活に支障がある場合

　同居家族がいる場合に生活援助を入れる、例外的取扱いの最も多い事例だと思います。いわゆる日中独居の場合ですが、導入には慎重かつ的確な判断が求められます。基本的には、家族による支援が優先されますので、同居の時間帯（朝、夜、休日など）に家族が対応すれば事足りるものであれば、そちらが優先されます。具体的には、週1回の掃除や買い物などが必要であれば、家族が休日に行うことで生活に支障がなければ、家族による支援が優先されます。洗濯も家族が朝や夜に行うことで事足りれば家族による支援が優先されます。

　そう考えると、日中独居での支援はかなり限定されると解釈できます。例えば朝から夕方まで家族が不在の場合、昼食の準備を支援する際に優先されるのは家族による作り置きです。あるいは配食サービスなども検討しましょう。そのうえで、家族が作り置きする時間的余裕がなく、配食サービスでは金銭的に困難など、いずれも適さない場合、訪問介護での対応を検討します。あるいは、食事の都度、刻みやとろみなどの加工を要するなど、作り置きでは対応できないような事情があれ

ば訪問介護での対応が優先されます。

　日中独居だからといって、安易な導入は慎みましょう。支援が必要な根拠と目的をしっかりと判断してください。

　訪問介護は、利用者の自宅での生活そのものを支援する、いわば介護の根幹をなすサービスです。ですから、利用者側のデマンズ（要求・要望）はとても多岐に及びます。その中で、生活援助へのニーズはかなり高いのですが、一方の支援者である私たちは、「社会保障制度の中で支援する」ということを忘れてはならないのです。場合によっては自費での対応やインフォーマルサービスでの対応を勧めなければなりません。なんでも介護保険で対応してしまうことは確かに楽です。でも、楽だからといってルールを無視したり、勝手に拡大解釈するようなことは避けなければならないでしょう。

　介護とは本来、家族によって支えられてきたものです。以前のように多世代同居の大家族が当たり前だった頃は、家族の中に高齢者が複数名いて、その中に「要介護」状態の家族がいて、家族の中の誰かが介護としての「世話」をしていました。当然技術はおぼつかなかったでしょう。特殊寝台や紙オムツなど福祉用具（介護用品）も充実してはいませんでした。医療体制も今ほど十分に備わってはいませんでした。ですから、介護期間は長くはなかったと思います。複数の家族によって分担されながら、そう長くはない期間ではありましたが、それでも「介護」は家族の中で、生活の一部として当たり前の行為としてなされてきたことなのです。

　ところが近年、その家族の形態が変化してきました。第二次世界大戦を境に、日本人の生活は大きく様変わりし、世界でも類まれな高度経済成長の成果を収め、その半面、以前の大家族形態は崩壊しました。核家族世帯、高齢者世帯、そして高齢者独居世帯の増加が顕著になりました。その中で要介護状態になった高齢者は、もはや家族によって「介護」を受けることが困難になったのです。「介護の外注化」。家族によって支えられなくなった介護は、他人によって行われる必要性が高まったのです。そのような状況を背景に、平成12年4月、介護保険制度が始まりました。

　しかし、今でも介護の本質は変わりません。介護は家族によって支えられるべきものです。でも、この本質を無理に家族に押し付けると、少ない家族に一極集中的に介護が任され、いずれ限界がきます。昨今増加傾向にある虐待は、そのような家族形態の変化が背景にあるともいわれています。ですから、介護保険制度などを活用しながら、介護を分担することが求められます。この「分担の案分」が重要なのです。介護の分担は、ケアマネジメントによって判断します。ケアマネジャーを中心に、本人、家族、サービス担当者で話し合いながら決めていくものです。家族がこれからも継続して行っていく部分と、支援者である私たちが担当していく部分など、話し合って決めていくのです。おそらく家族の多くは私たち支援者側に多くを望んでくるでしょう。だからといって、何ら専門的判断をせずにいうとおりにしてしまうことには問題があります。

　身体介護ならば技術的なこともありますので、専門職によって行われた方がよい場合も多く、サービスの活用が優先されることはあります。しかし一方で、生活援助は、それまで家族によって行われてきたことが多く、そのことまでサービスで対応してしまうことは好ましくありません。これからも家族が継続して安定的に行える可能性があるのであれば、家族による支援を継続していただきます。

もちろん、それまで家事を行ってきた家族も病気や要介護状態になって家事ができなくなってしまったなどの場合には、支援を検討する必要はあります。しかしその時にも、基本は他の家族によって家事を継続できないかの検討をまずは優先します。

　また、ご主人が要介護になったことで妻の介護負担が増え、それを軽減するためにご主人への直接的な支援ではなく、妻が行ってきた家事を支援するプランを目にしますが、これには違和感を感じます。やはり、制度で保証するべき対象は要介護認定を受けた本人に関する支援ですので、介護をしている妻への支援ではありません。このような場合には、ご主人への支援をすることで、結果的に妻の介護負担が軽減されるという効果をもたらすことは相応しいといえます。介護者である家族の介護負担をもたらしている原因は本人のどこにあるのか、そこに支援を向けることが家族の介護負担の軽減にもつながるのです。

　家族を含めた介護支援は、このような諸事情を考慮しながら「介護分担の案分」を決めていきます。多くの役割を少ない家族に任せすぎると、介護は続きません。気づいたら、介護が放棄されていた、身体的な虐待が行われていた、などということにもなりかねません。しかし一方で、家族ができることまでも私たちが担当してしまうと、一見家族は楽になりますが、気づいたら家族の絆まで希薄になっていた、などという事態を招きかねません。「介護分担の案分」は、家族を基本とするという考え方に基づいて、支援を開始するに当たり、あるいは支援を継続する中で、定期的に確認・見直しを要することなのです。

　このような中で、特に家族の担当が基本である生活援助の支援導入には、安易に用いられることがないよう、多くの制限が付されているのです。これらの条件をクリアしたうえで生活援助が導入される際には、その根拠として、何度も述べますが「自立支援」の目的になっているかが重要になります。

いわゆる「ヤングケアラー」問題について

　昨今、ヤングケアラーが問題になっています。ヤングケアラーとは、法令上の定義はありませんが、一般には、本来大人が担うと想定されている家事や家族の世話（介護）などを日常的に行っている子ども（18歳まで）とされています。そのために学業に支障が出たり、友達との関係が制限されるなどの支障が出ている、あるいは自身の日常生活にも睡眠不足やストレスなどを抱えている状況にある場合などを問題視しています。

　厚生労働省の調査（令和2年度 子ども・子育て支援推進調査研究事業「ヤングケアラーの実態に関する調査研究」）では、調査に回答した中学校・高校の半数近くが学内にヤングケアラーに該当すると思われる子どもがいると認識しているという結果報告があります。子どもが行っている主な内容は、家事が多く、その他、家族の見守りや介護でした。頻度もほぼ毎日が多く、1日3〜4時間対応している場合が多くありました。対象となる家族は、要介護などの高齢者、障害や病気がある親や兄弟姉妹などです。

　ヤングケアラーを支援する際に気を付けるべきことは、子どもが家族の世話や介護を行っていることをもって、即問題視することではないということです。実際にヤングケアラーだった経験者からは、「子どもの頃の介護経験がその後の人生に役に立った」という意見もあります。介護は先にも述べましたように家族が行ってきたことです。その中には子どもが担った介護もおそらくあったでしょう。

もちろん、以前は一家の中に家族が何人もいましたので、交代要員の中の子どもの存在だったかもしれません。現在のヤングケアラー問題は、介護する家族が少なくなったために起きている問題を主に指しています。ですから、以前の状況とはかなり違うのですが、だからといって子どもが家族の世話をすることをもって、一概に問題とはならないでしょう。

ヤングケアラーを問題視する際には、

　　　① 子どもの意思に関わらず（意思に反して）介護や世話をしなければならない状況であること。

　　　② 介護や世話をすることで、学業や友人関係、身体的・精神的な支障などが起きていること。

　　　③ そのような状況にあることを他者（学校や行政など）に相談（把握）できていないこと、または何らかの支援を受けられていないこと。

などを総合的に判断する必要があります。

ヤングケアラーがいる家庭に対する訪問介護の関わりについて

ヤングケアラーがいる家庭への訪問介護の対応はどのようにすればよいのかを考えてみましょう。

まず、身体介護であれば必要に応じて対応が可能です。子どもであれ大人の家族であれ、訪問介護で対応した方がよい専門性を要する支援であれば、適切に判断して対応しましょう。課題となるのは生活援助です。先にも述べましたように、生活援助は対応可能な家族がいる場合には制限されます。ヤングケアラーといわれる子どもたちは、健康的には支障がないことが多いかと思います。ですからそれをもって「生活援助の対応ができない」と一律に判断してしまうことには違和感が残ります。

ヤングケアラーと生活援助の対応についての明確な国からの通知などは執筆時現在では出ていませんが、過去の生活援助に関する通知から解釈すると、ヤングケアラーといえる子どもがいる場合には、そこで起きている状況に応じて柔軟に判断されるべきでしょう。具体的にいえば、その子どもが要介護の家族のための家事などの対応で学業や友達との交流などに支障が出ていれば、その部分を訪問介護（生活援助）で対応することは妥当と判断できます。

その際に、さらに検討（確認）すべき点としては、他の家族（子どもの親など）による家事がなぜできないのか、家族全体でどのような役割分担がなされているのかなどを相対的にアセスメントする必要があります。そのうえで、訪問介護などのフォーマルな支援がどの部分にどれくらい導入することが妥当かを判断することになります。

ヤングケアラーは非常にデリケートな問題です。子どもが家族の介護に関わることになった背景や、子ども自身の思いや気持ちなどを丁寧に把握して、家族全体の支援を行っていくことになります。ですから、訪問介護事業所だけの対応ではなく、ケアマネジャーはもちろん、必要に応じて行政機関や地域包括支援センター、子どもが通う学校なども交えて対応を協議していくことも視野に入れましょう。

○「厚生労働大臣が定める回数及び訪問介護」の公布について

平成30年5月10日　老振発0510第1号
都道府県介護保険主管部（局）長あて厚生労働省老健局振興課長通知

介護保険制度の運営につきましては、平素より種々ご尽力をいただき、厚く御礼申し上げます。

本年5月2日付けで、「厚生労働大臣が定める回数及び訪問介護」（平成30年厚生労働省告示第218号）が別添のとおり公布されました。

本告示は、指定居宅介護支援等の事業の人員及び運営に関する基準（平成11年厚生省令第38号）第13条第18号の2に基づき、「厚生労働大臣が定める回数及び訪問介護」を定めたものであり、詳細は下記のとおりです。

平成30年10月1日からの円滑な施行に向けてご協力頂きますよう、よろしくお願い申し上げます。

記

1．趣旨

訪問介護における生活援助中心型サービスについては、社会保障審議会介護給付費分科会における議論を踏まえ、利用者の自立支援・重度化防止や地域資源の有効活用等の観点から、通常の利用状況からかけ離れた利用回数となっているケアプランについて、市町村への届出を義務付け、そのケアプランについて、市町村が地域ケア会議の開催等により検証を行うこととしている。

これは、生活援助中心型サービスについては必要以上のサービス提供を招きやすい構造的な課題があるという指摘がある一方で、利用者において、様々な事情を抱える場合もあることを踏まえて利用者の自立支援にとって、より良いサービスとするため、ケアマネジャーの視点だけではなく、多職種協働による検証を行い、必要に応じて、ケアプランの内容の是正を促すものである。

なお、平成30年度介護報酬改定では、訪問介護について、上記の取組のほか、身体介護に重点を置いて報酬を引き上げるとともに、外部のリハビリ専門職等と連携した取り組みの評価、身体介護として行う自立支援に資するような見守り援助の明確化により、自立支援・重度化防止に資するサービスの推進・評価をすることとしている。

2．本告示の概要

上記のケアプランの届出については、指定居宅介護支援等の事業の人員及び運営に関する基準（平成11年厚生省令第38号）第13条第18号の2において、介護支援専門員は、居宅サービス計画に厚生労働大臣が定める回数以上の訪問介護（厚生労働大臣が定めるものに限る。）を位置付ける場合に、当該居宅サービス計画を市町村に届け出ることとされている。

届出の対象となる訪問介護の種類は生活援助中心型サービスとし、届出の要否の基準となる回数は、要介護度別の「全国平均利用回数＋2標準偏差（2SD）（※）」を基準とする。（※）全国での利用回数の標準偏差に2を乗じた回数

具体的には、直近の１年間（平成28年10月〜平成29年９月分）の給付実績（全国）を基に、各月における要介護度別の「全国平均利用回数＋２標準偏差（２ＳＤ）」の回数を算出した上で、要介護度別に最大値となる月の回数を用いることとし、要介護状態区分に応じてそれぞれ１月あたり以下の回数とする。

要介護1	要介護2	要介護3	要介護4	要介護5
27回	34回	43回	38回	31回

　なお、本告示の適用期日は平成30年10月１日である。

〇厚生労働省告示第218号
　指定居宅介護支援等の事業の人員及び運営に関する基準（平成11年厚生省令第38号）第13条第18号の２の規定に基づき、厚生労働大臣が定める回数及び訪問介護を次のように定め、平成30年10月１日から適用する。
　平成30年５月２日

厚生労働大臣　加藤　勝信

　　　厚生労働大臣が定める回数及び訪問介護
　指定居宅介護支援等の事業の人員及び運営に関する基準（平成11年厚生省令第38号）第13条第18号の２に規定する厚生労働大臣が定める回数及び訪問介護は、次の各号に掲げる事項に応じ、それぞれ当該各号に定めるとおりとする。
一　指定居宅介護支援等の事業の人員及び運営に関する基準第13条第18号の２に規定する厚生労働大臣が定める回数　次のイからホまでに掲げる要介護状態区分に応じて、それぞれ当該イからホまでに定める回数
　イ　要介護１　１月につき27回
　ロ　要介護２　１月につき34回
　ハ　要介護３　１月につき43回
　ニ　要介護４　１月につき38回
　ホ　要介護５　１月につき31回
二　指定居宅介護支援等の事業の人員及び運営に関する基準第13条第18号の２に規定する厚生労働大臣が定める訪問介護　生活援助（指定居宅サービスに要する費用の額の算定に関する基準（平成12年厚生省告示第19号）別表指定居宅サービス介護給付費単位数表の訪問介護費の注３に規定する生活援助をいう。）が中心である指定訪問介護（指定居宅サービス等の事業の人員、設備及び運営に関する基準（平成11年厚生省令第37号）第四条に規定する指定訪問介護をいう。）

解　釈

　平成30年度の改正で新たに定められたものです。通知に記載がある回数を超えて生活援助が提供される場合、ケアマネジャーはケアプランを事前に保険者に提出して、その可否の判断を仰ぐことになりました。今回の改定で、保険者の判断の方法が拡大され、例えば保険者の職員がサービス担当者会議に参加する方法などが追加されています。

　この仕組みについては、今までに述べてきた生活援助を必要とする要件を満たしていれば、何ら恐れるものではありません。回数が多いからといって、一概に不適切と判断することにはなりません。たとえ回数が1回であったとしても、今まで述べてきた生活援助が必要な理由、すなわち自立を支援する目的で提供されているか、きちんとケアプランや訪問介護計画に記載されており、さらにサービス担当者会議などで協議され、合意が図られ、最終的に利用者の同意が得られていれば適正なのです。

　しかし、そうはいってもケアプランを保険者に提出した後、「不適切です」などといわれては利用者が一番被害をこうむります。ですから、この際に、頻回な訪問があるか否かを問わず、再度生活援助を位置付けているケースを見直してみましょう。

　では、頻回な生活援助が必要な場合を具体的に考えてみます。まず、多くの場合、独居高齢者が想定されます。身体機能的に家事が行えない、または生活習慣的に家事を行ったことがないような場合が多いのではないでしょうか。生活援助の内容も、例えば毎日訪問を要することとしては、食事の準備が考えられます。場合によっては、1日3回の支援になるかもしれません。その場合、先にも述べてきましたが、優先される支援としては、家族や知人による支援、配食サービスなどによる支援、さらには、1日3回まで訪問しなくても、1回に3食分の作り置きができないかなどを検討します。家族や知人がおらず、配食サービスも自己負担的にかなわないなどの場合、生活援助が該当することになります。しかも、その都度刻みやとろみをつけるなど、またはその都度配膳、下膳までしなければ適切に食事の管理や摂取、または環境保持ができないなどの場合、やむを得ず1日3回訪問することが想定されます。

　いずれにしても、その支援によって利用者が毎日安定して食事を摂れ、栄養状態が維持・改善でき、健康状態が維持・向上できる、また、希望する在宅での生活を継続することができる、さらに、趣味活動などの生きがいを感じながら生活を送ることができる、などの目標がケアプランや訪問介護計画書に位置づけられ、効果が期待できることが求められます。訪問回数を定める場合にも、頻回な訪問に対する利用者の心理的負担、経済的負担、さらには効果をもたらすために必要なサービス量などの総合的な観点から、サービス担当者会議などで協議して定めます。

　なお、第5章では事例として示していますので確認してください。

第 4 章

訪問介護事業所より寄せられた事案および解釈

以下に、訪問介護事業所などから寄せられた質問に対する考え方を掲載します。これらの解釈は、あくまでも介護保険法に基づき、介護報酬の算定が可能かどうかの観点から言及するものです。介護報酬の算定以外の方法における現場での対応を制限するものではありません。

生活援助に関して

Q1 買い物援助の範囲（身体・生活・通院等乗降介助において、何をどれくらい買ってよいか？）

まず、介護保険制度における訪問介護を活用しての買い物への対応の方法としては、

① 身体介護において、外出に際し身体的な状況から単独での外出が不可能な利用者と共に外出し、利用者が主体となって買い物を実施することを自立支援の観点から見守るか、もしくは介助する方法

② 生活援助の算定要件を満たす場合において、ホームヘルパーが単独で買い物に行く方法

③ 通院等乗降介助によって日用品の買い物を行う方法

があります。いずれの場合にも、買い物の対象となる品目に共通の制限が加わります。

具体的には、日々の生活に欠かすことのできない必需品であって、利用者の生活圏域内にて調達できるものとなります。ですから、安売りをしているからといって、生活圏域を超えて買い物に行くようなことは原則として認められません。しかし、地域性においては例外を認めます。その場合の判断としては、最短距離にあるスーパーなどが生活圏内にはなく、かなりの移動時間を要する場合であって、以前の生活（自立していたころ）において、同様の手段（スーパーなど）でもって日用品の調達を行っていた場合には、訪問介護において実施可能という解釈になります。ただし、地域において、他の手段（例えば、生協の宅配サービスなど）が利用可能ならば、利用者に資源の説明を行い利用の同意が得られれば、そちらを優先して利用するべきです。

また、日用品の範囲ですが、日々の繰り返しの生活を維持するために必要な物品となります。具体的には、食料品（調味料も含む）、台所用品（ラップ、洗剤など）、日常消耗品（洗剤、ティッシュ、トイレットペーパー、殺虫剤、ゴミ袋、電池、蛍光灯など）、日常被服（下着や寝巻きなど）に限られます。また、冬場の灯油も該当としますが、可能であればガソリンスタンドなどからの配達での確保を優先してください。

該当しないものとしては、家電製品、家具、専門書籍、雑誌類、衣料専門店などでの外出着、娯楽品、それ以外の高価なものや日常繰り返し補充するに値しないものです。これらの物品の調達を要す

る場合には、家族による支援を依頼するか、自費サービスでの対応などが可能です。

なお、平成24年4月より、生活援助での買い物支援に際し、あらかじめ購入物品の確認が取れている場合などにはサービス開始に伴い、利用者宅を訪問する前に直接店舗に向かうことが認められました。訪問介護は原則として、居宅にて開始され居宅にて終了することが求められていましたが、生活援助の介護報酬算定時間の短縮によって、買い物支援に関しては効率化が認められました。

この場合に考えられる対応としては、通知にもあるように、「事前に買い物の物品の確認が取れている場合であること」とありますが、電話等で行う場合には漏れがないように必ず復唱するなど配慮をしてください。また、基本的にはヘルパーによる金銭の立て替えは避けたいところですので、恒常的にこのような対応を行う利用者さんであれば、あらかじめ金銭預かり証を発行のうえ、必要額を事前にお預かりするなどの対応が必要かもしれません。金銭管理は管理者の承認の下、十分に注意して行ってください。

こんなときどうする？

ケース1 訪問前に買い物を支援してから訪問していますが、買い物リストはホームヘルパーの携帯電話にメール（SMS）で送りたいとのこと。よいでしょうか？

対応例 ホームヘルパー個人の携帯電話と利用者とのやり取りは避けるべきです。まず、個人情報がホームヘルパー個人の携帯電話に残ってしまうこと、誤送信や情報漏洩などの危険があることなどを考えると避けるべきです。訪問介護事業所がホームヘルパーに携帯電話を貸与して対応するのであれば可能です。

ケース2 買い物の際に2リットルのペットボトルの水を箱で数箱買ってきてほしいとのこと。かなりの重さがあります。ホームヘルパーが運ぶのも大変です。対応すべきでしょうか？

対応例 ペットボトルの水の買い物は認められますが、問題は量です。1箱でも12キロほどありますので大変でしょう。判断の目安は、次の買い物支援の日までに必要な量を買うという考え方です。数箱をそれまでに消費するのであれば検討しなければなりませんが、そうでなければ次の買い物支援までに必要な量にとどめていただくよう協議しましょう。また、このような重いものについては、宅配サービスの検討もお願いしてみてください。

Q2 同居家族がいる場合の生活援助 （同居の定義、どのような場合が同居か？）

まず、同居の解釈については58ページで述べたとおりです。参照してください。同居家族がいる場合でも、家族が就労などによって日中独居である場合や、老夫婦世帯や他の形態における同居世帯であって、要介護認定を受けていない他の同居人が身体上の問題があり家事をこなせない状態であれば該当します。ただし、対応できる援助は、あくまでも要介護認定を受けた方のみについてです。他の同居人も援助を要している場合には、その方にも介護保険申請を施すか、他の社会資源（自費サービスなど）にての対応を調整してください。

さらには、日中独居であっても、同居家族が滞在している時間帯（夜間及び休日等）において対応すれば事足りるものについては援助の対象とはなりません。具体的には以前の自立していたころの生活に鑑み、例えば掃除については以前からも週に1回程度の実施であれば、同居家族がいる休日に対

応すれば事足りると判断されます。あるいは夜間に同居家族が帰宅後、掃除をしてもよいことも考えられますので、一通りのアセスメントを十分に実施したうえで判断されることが求められます。

　そうなってくると、日中独居などで生活援助を対応する例としては、家族が不在時に該当する食事（昼食など）への援助として、同居家族が作り置きできない事情があるとか、そのつど調理しなければならないような特殊な調理（刻みやトロミなど）を要する状態である場合など、該当する条件はかなり制限されることになります。ケアマネジャーを中心とした、適切なアセスメントにおいて判断してください。

こんなときどうする？

ケース1　同居の家族がパートの仕事で日中4時間ほど留守にしています。その間に生活援助の調理を頼まれました。どうしたらいいですか？

対応例　日中独居の時間の定義はありません。判断の基準としては、家族が仕事などでの定期的な不在時に、支援を要するニーズが存在するかどうかです。例えば、4時間の不在時が10時から14時で、その間に昼食の準備が必要だとします。

　まずは、昼食を14時以降にして、家族が帰宅時に対応することを優先に検討します。しかし、糖尿病などの疾患があって、規則正しい食生活を維持しなければならず、カロリー制限に加え、嚥下障害などで刻みやすりつぶしなどの加工を要し、なおかつ夏場などで食事の作り置きができないなどで、そのつど調理する必要がある場合などには、家族が不在の時間帯に生活援助を要すると判断できるでしょう。

　いずれにせよ、チームアプローチでの話し合いによる判断が求められます。

ケース2　同居の家族（長男）は精神疾患を患っています。障害福祉サービスは利用していないようです。利用者と2人暮らしですが、長男は調理ができません。訪問介護で利用者の調理を支援してほしいとのことですが、長男の食事は対応できないと断るべきでしょうか？

対応例　断ることになります。ルールとしては利用者の食事の調理にとどめることになります。長男の食事は買ってきて食べるか、長男にも支援が必要であれば障害福祉サービスの申請を勧めることになります。仮に、利用者の食事が余ってしまい、そのまま食器に残したものを長男が食べることまでは制限できませんが、あえて長男のために多めに作るなどは不適切になりますので気を付けましょう。

ケース3　いわゆるヤングケアラーがいる家庭です。中学生の娘が学校から帰宅後、デイサービスから帰った祖母の着替えや夕食の支度をしています。娘の両親は共働きで帰宅は夜になるそうです。娘は部活も休んで授業が終わるとすぐに帰宅して対応しているとのこと。訪問介護で支援はできないでしょうか？

対応例　ヤングケアラーへの対応は本文でも述べましたように、柔軟に判断すべきです。このケースのように、部活動や学業などに支障が出ている場合は、「家族による家事を行うことが困難」と判断して生活援助（夕食の支援）を行うことは可能です。しかし、両親による夕食の作り置きなどの対応も検討したうえでの判断になります。両親も仕事があり家事対応に制約がある、時間的に作り置きが不安など、その都度対応する必要性があり、配食サービスなどの支援では不都合がある場合などをもって、総合的に判断しましょう。

Q3 内縁の夫は同居家族とみなすか?

　内縁の夫であっても、実生活を共にしているのであれば、その方による援助を優先します。同居の家族等がいる場合でも生活援助が認められる理由としては、

① 本人が実施不可能であること
② 他の家族（同居および別居）が実施不可能であること
③ 他のインフォーマルサポート（同居人も含む）での支援が受けられないこと

を前提としています。

　ですから、同居家族（者）が戸籍上どのような関係にあるかを問わずに、身体的な状況において援助が可能であれば、その方の援助を優先することになります。

こんなときどうする?

ケース 同居者がいますが、戸籍上は全くの他人のようです。ただ単に生活を共にしているだけで、援助関係にはないようです。要介護の方のために、同居人に支援を求めたのですが、関係ないと断られてしまいました。どうしたらいいですか?

対応例 このケースは、最近増えているルームシェアのような場合でしょうか。基本的には、その同居人の支援を優先しますが、援助をするような関係でなければ、強制はできません。ただし掃除の支援などで同居人と共有している部分があれば対応はできないと判断します。そして、同居人には緊急時の対応や連絡などの最低限の支援をお願いすることになるでしょう。

Q4 別居住所の家族が介護のために泊まり込んでいる。同居とみなされるか?

　まず、先の質問でも述べましたように、利用者と同居者との関係は問いません。ですから、戸籍上は別居でも、通常の生活を共にしているのであればその方からの援助を優先します。しかし、その実態がどれほどであるのかを考慮しなければなりません。例えば、別居の家族がたまたま2～3日泊まりに来ていたのであれば、通常の生活とみなすことはできませんので、生活援助は提供可能です。しかし、実態としてはその期間内はキャンセルとするほうが適切です。また、毎週週末に決まって帰省してくるような場合には、計画の中に位置づけられますので、週末は家族の援助を優先することになります。

　さらには、定期的ではないが、この先1か月ほど家族が滞在する場合などは、その間は生活を共にしているとみなされますので、生活援助は休止すべきでしょう。もちろん、その人が家事援助が可能な身体状況であることの確認も必要です。

　具体的には、例えば息子が泊まりに来ている場合、調理などの家事ができないと判断されれば、食事の調達について息子と協議し、他の方法での食事の調達を優先し、最終的に対応に不安が残る場合（出来合いの総菜や仕出し弁当などでは利用者の健康が維持できないような恐れがある場合）には、やむをえない事情に該当し生活援助の算定は可能となります。もちろんその場合でも、利用者のみへの対応となります。この考え方は、同居家族がいる場合にも該当します。

ケース　ある利用者さんは、1か月ごとに自宅と同市内の長男宅を行ったり来たりしています。自宅では独居で、長男宅でも日中独居です。どちらの場所でも生活援助を希望しているのですが、どうしたらいいですか？

対応例　自宅では独居ですので身体状況的に判断して問題がなければ生活援助の算定は問題ありません。一方の長男宅ですが、基本的に住所地ではないので、原則としてはサービスの利用は制限されるのですが、実状を鑑みて保険者がやむを得ない状況と判断すれば、訪問介護の算定は可能です。さらに、そこでの生活援助の算定ですが、先に述べた要件（家族の家事が困難など）を満たせば可能です。しかし、基本的には自宅ではないので、ホームヘルパーの支援方法（手順等）に混乱を招く可能性もあり、事前の調整が重要になるでしょう。手順が異なれば訪問介護計画書も双方について立案する必要があります。もちろん、支援内容は本人に対する支援だけですので、長男家族への説明もしっかり行う必要があります。

Q 5　家族が介護（家事）を拒否している。生活援助の対応は可能か？

　単に拒否をしているからということのみをもって、即、援助を導入することはできません。まずはケアマネジャーと共になぜ拒否しているのかを把握します。そのうえで、家族側の身体上の問題であるならば、先に述べたように援助を提供する要件に該当します。あるいは、単なる介護放棄である場合、社会保障の趣旨を分かりやすく説明し、介護保険サービスを利用するにはいくつかの条件があることを理解していただき、なるべく家族による援助が可能となるように調整します。しかし、介護放棄や身体的虐待に及ぶ恐れがある場合には、市町村あるいは地域包括支援センターとの関わりが求められます。

　また、家事の方法が分からなくて拒否しているような場合には、暫定で訪問介護を導入したうえで、訪問介護の目的にもあるように、家族に対しての技術の伝達を実施してみることも方法でしょう。

　いずれにしても、拒否している原因を探る十分なアセスメントが必要になります。そして、その状況を改善するためには、ホームヘルパーだけで対応するのではなく、場合によっては多職種の関わりによって、利用者が置かれている状況を改善するなどの対応も求められるでしょう。いわゆる処遇困難ケースなどがこのような場合に該当することも考えられます。必ずチームアプローチで対応してください。

こんなときどうする？

ケース　息子さんと2人暮らしの利用者さんです。息子さんは平日日中、仕事で留守です。夕方6時頃には帰ってくるのですが、仕事で疲れているからといって、利用者に関する一切の家事を昼間に訪問してヘルパーに対応してほしいといっています。どうしたらいいですか？

対応例　まず、先にも説明しましたように、日中独居の場合、要件に該当すれば日中の生活援助は可能です。しかし、このケースのように、一切の生活援助を頼みたいといった場合には、制限される項目も出てくるでしょう。例えば、通常の掃除や利用者の衣類の洗濯などは、息子さんが帰宅した後や休日に対応しても間に合うと思われます。そのような家事までを対応する

のはやりすぎでしょう。仕事で疲れてかわいそうだからとか、息子さんが怖そうで断れないから…などで受けてしまうことがないようにしましょう。「そこだけの例外算定」は社会保障では認められません。多少の苦言をいただくことになっても、あくまでも公正中立で判断してください。理解が得られないようであれば、保険者からの説明を仰いでもよいと思います。

Q6 生活援助が70分以上かかる場合には？

　介護報酬では「生活援助3」（45分以上）と記載があります。ですから、それ以上実施した場合でも介護給付請求は「生活援助3」しかできないことになります。逆にいえば、「生活援助3」の介護給付請求しかできませんが、サービスは何時間提供してもかまわないということになります。ただし、事業所としては非効率なサービスとなってしまいますので、現実的には対応は難しいでしょう。

　もし、利用者が生活援助を2時間ほど依頼してきた場合には、「生活援助3」の算定に加えて、収入の不足分を自費で徴収することはできません。あくまでも、介護報酬の解釈としては、「生活援助3」は、「45分以上のサービス」となっているため、45分以上のサービスの全てについて包括するという解釈になります。ですから、現実的には2時間すべてを自費サービスにするなどの対応になるかと思います。

　また、ケアマネジメント（ケアプラン）において位置づけた生活援助に続いて、利用者がさらに延長して家事援助を希望する場合には、その分を介護保険外のサービスとして対応することになります。その際に、介護保険で対応する生活援助に続いて、保険給付外のサービスを提供することもケアプランに記載することが望ましく、保険給付のサービスと保険外のサービス（自費サービス）との明確な区別をケアプラン上（第2表および第3表）において明記する必要があります。

　具体的には、介護保険サービスとそれ以外のサービスとの間に時間的な区切り（間隔）をつけるなどして、一連性を除外する必要があります。そして、この時間は介護保険外のサービス（自費サービスなど）であるということを、利用者、家族・事業者がそれぞれ承知したうえで実施する必要があります。事前の十分な説明と同意が必要と思われますので、留意してください。

こんなときどうする？

ケース　布団を定期的に洗濯してほしいとのこと。大型の乾燥機付きの洗濯機があり自宅で対応可能なのですが全工程に3時間ほどかかります。どう対応すればいいでしょうか？

対応例　まず、3時間の連続しての生活援助サービスが必要であるかどうかを判断します。もし、3時間の生活援助が必要と認められた場合、それは一連のサービスとして必要なものかを判断します。一連のサービスとは、3時間の間生活援助を行い続けることになります。例えば、洗濯を回した後、居室の掃除・買い物、調理など1回の訪問ですべての家事を支援する必要がある場合などが想定されます。これらの内容は、要件を満たせばすべて生活援助として対応が可能ですので、保険給付対象となるのですが、介護報酬上は「生活援助3」までですので、基本的な考え方は「生活援助3」で3時間を対応することになります。

　しかしこれでは採算が合わなくなるでしょうから、考え方としては2回の訪問に分ける方

法があります。洗濯機を回して掃除を行い１回目を終了し、午後に買い物をしてから再度訪問し、洗濯が終わった布団を整え調理をするなどの方法です。双方で所要の生活援助を算定できます。

Q7 同居家族との共有部分の掃除などは可能か？

　基本的には、共有部分は含まれないと考えるべきです。同居家族が日中に仕事などで不在である場合には、夜間や休日などの在宅時に対応していただくことが基本です。「夜間に掃除はできない」といわれた場合、週末などの休日だけの掃除で不都合が生じなければ、利用者の居室も含め、やはり家族に対応していただくべきでしょう。訪問介護は「お手伝いさん」ではありませんので、基本的に生活援助は家族での対応が優先されます。しかし、家族の対応が高齢や障害などでできない場合には例外的に認められます。

　生活援助での掃除の対応が、本人のための専用の空間（居室など）に限られている理由として、「清潔な療養環境の維持」が目的とされているからです。ですから、同居家族がいる場合において、日中独居であっても、家族による週末のみの掃除で清潔な療養環境が維持できるのであれば、利用者の居室であっても援助から外すべきです。しかし、日々生活をしている利用者の占有の居室にあっては、週末のみの清掃では清潔な療養環境は維持できないことがありますので、その場合には利用者の占有の居室に限って清掃を援助できることとなっています。共有のスペース（トイレ、浴室など）は、汚れる原因が家族の在宅時の使用にもありますので、それを介護保険で対応することは不適切なため対象からは外れることになります。

　しかし例外的に、浴室やトイレなどの共有部分の汚れが利用者の使用を原因として恒常的にはなはだしくなるのであれば、そのつど清潔な療養環境を維持しなければならなくなりますので、計画的に掃除の援助を提供することは可能と判断されます。

こんなときどうする？

ケース　日中は仕事で留守にする同居の家族がいます。日中、身体介護（入浴介助）で訪問しています。ところが、同居家族が入浴した後、浴室は冷めたお湯が浴槽に残っていたり、洗い場も家族の衣類が脱ぎ捨ててあったり、泡や髪の毛など汚れたまま放置されています。利用者を入浴させるためには、まず、浴室を清掃しなければなりません。どうしたらいいですか？

対応例　まずは常にそのような状況が続くのであれば、家族に使える状態にしておいていただくようお願いすることが必要です。そして、その状況が改善されるまでは、利用者の安全や快適な入浴を確保するために、使用前に簡単に清掃することになるでしょう。それをもって生活援助が算定できるかは難しいでしょう。基本は身体介護ですので、その実施のために必要な準備（通常はお湯を沸かすとか、着替えやタオルを準備するなど）の中に事前の清掃も含まれると解釈されます。

　場合によっては、日中ホームヘルパーが来るのをあてにして、わざと汚れたまま放置していることも考えられますので、制度の趣旨やサービスの目的などをケアマネジャーとともに家族へ再度説明するなどの対応も必要かもしれません。

Q8 換気扇の掃除（分解なし）は？

清掃の援助はあくまでも清潔な療養環境の維持です。ですからそのために換気扇の清掃が必要になるとは考えられません。よって介護給付の対象にはなりません。しかし、現実的に換気扇が油などでの汚染がはなはだしく、調理をする際に使用できない状態であれば、他の方法をもって対応する必要性が生じるでしょう。その場合には介護給付外においての社会資源を活用して対応していただくことになります。具体的には、単発の利用が可能であるボランティア、有料清掃サービス、家政婦などが考えられます。

こんなときどうする？

ケース 日常的に換気扇を掃除していた利用者さんから、掃除の際に換気扇も拭いてほしいといわれました。どうしたらいいですか？

対応例 基本的に換気扇の掃除は認められません。単なる拭き掃除でも、換気扇や蛍光灯などは一般的に見て大掃除の類になります。以前、日常的に換気扇を掃除していたとしても、必ずしも利用者の生活習慣に合わせなければならないということはなく、社会保障上、対応できる範囲には制限が加えられます。ただし、できませんと断りっ放しでは関係をおかしくしてしまうのであれば、定期的に清掃業者を入れるよう提案するとか、有料サービスとして定期的に対応するとかの助言を行うとよいでしょう。介護保険制度の訪問介護は介護の専門的サービスです。お手伝いさんではありません。

Q9 箪笥の上は？

箪笥の上の掃除自体を制限するものではありませんが、現実的に考えて「清潔な療養環境を維持」するために必要な場所であるとは考えられません。ですから、通常は介護給付の対象にはならないと考えるべきでしょう。もし仮に、箪笥の上から埃が落ちてくるような状態であり、その下で休んでいる利用者の身体に悪影響が出るのであれば、サービス導入時の初期対応としてその部分のみを掃除することは認められます。さらに、換気が悪く埃の発生が多い場合などで呼吸器官に悪影響が懸念される場合などは、清潔な療養環境を維持するために定期的に箪笥の上も清掃することは可能と判断されます。しかし、大掃除を要するほどの対応になるのであれば自費対応または清掃業者に依頼することを勧めましょう。

こんなときどうする？

ケース 背丈が低い箪笥の上を、以前は自分で毎日拭いていた利用者さんから、掃除の際に同じように箪笥の上を拭くように依頼されました。どうしたらいいですか？

対応例 一般的に換気扇は大掃除と思われますが、箪笥の上はどうでしょうか？背が高い箪笥であれば、大掃除との印象が強いでしょう。でも背が低箪笥であれば、箪笥の上を棚代りに使っている家庭も多いと思います。であれば、通常の掃除で棚を拭くと同じように、背の低い箪笥の上を拭くことを制限はできないと思います。あくまでも利用者の療養環境の維持のために必要な掃除かを判断してください。

Q10 室内の植木鉢などの花の水遣りは？
室内の植木鉢にたまったゴミ取りは？
お見舞いにもらった花の水の交換は？

いずれもサービス区分コードには該当しませんので、介護給付の対象になりません。もし、本人や家族が対応不可能で、どうしても植木の手入れや花に水をやる必要があれば、Q6と同様に、介護給付のサービスとは明確な区分をしていただいたうえで、その前後に行っていただくことは制限しません。そして、その行為（おそらくは1〜2分間）のみをもって自費請求とするのかは利用者とよく相談して決めていただくことになるでしょう。

こんなときどうする？

ケース1 利用者さんのお見舞いに絶えず花が届きます。しばらく経つと枯れてきますので、枯れた花と枯れていない花を区別して、枯れた花を捨てるよう頼まれました。どうしたらいいですか？

対応例 その行為を介護給付で請求することは認められません。事業所の判断でサービスの前後に善意で対応するのであれば構いません。注意すべき点としては、その行為が訪問介護サービスの一部と解釈されてしまうと、介護給付での訪問介護サービスとの区分が不明確になり誤解を招くことになりますので、事前に利用者への説明と同意をしっかりと得ておくことです。

ケース2 仏壇の花が枯れてきました。新しい花を買ってきて生け替えてほしいとのこと。いいですか？

対応例 介護給付としては不適切です。まず、仏壇の掃除や花の交換などは宗教行為になりますので、介護給付では不適切と判断します。もちろん自費で対応するとかサービスの前後で対応することは制限しませんが、給付サービスとしての掃除や買い物の中に仏壇の掃除や仏壇の花の購入を行うことは不適切と判断します。おそらく利用者にとっては納得しにくい部分と思われますので、事前にしっかりと説明して理解を得ておくことが重要です。

Q11 濡れ縁側の拭き取りは？

あくまでも清掃は恒常的に、清潔な療養環境の維持のために必要な部分のみの対応に限定されています。そう見た場合、濡れ縁側とは雨上がりのみが想定されますので、恒常的ではありません。さらには、おそらくは屋外になるでしょうから、療養とは直接関係がない場所という判断になります。ですから、当初から濡れ縁側の掃除を目的にした訪問であるならば、介護給付の対象にはなりません。

もし、利用者が何らかの目的で屋外に出る必要があり、縁側からの外出を常としており、雨上がりで縁側が濡れており、すべる危険性があると判断される場合に、訪問中に縁側を瞬時に拭くという行為は制限しません。しかし、その時間が例えば念入りに拭き続けて30分間ほど要したときに、介護給付の対象としてよいかといわれれば、認められないという判断になります。

さらには、そもそも濡れ縁側を拭くことを目的に訪問したのか、という視点からも判断していただければよいと思います。あくまでも本来の給付サービスの提供という目的（例えば通院などの外出介助）があって、危険回避のために濡れ縁側を拭かなければならないことは、往々にしてあることで

しょう。ならば、そのことを制限することのほうが不適切です。

┌─────────────────────┐
│ こんなときどうする？ │
└─────────────────────┘

ケース 雨上がりに通院しなければならず、玄関前に大きな水たまりができています。歩いて外出するのに水を箒で掃くなどして排水しなければなりません。どうしたらいいですか？

対応例 本来のサービス提供を安全かつ確実に提供するためであれば、計画にない突発的な事態を回避するための行為は、現場での判断で対応すべきと解釈できます。例えば、食事介助中に食べこぼして濡れた衣類をそのままにしてサービスを終了することも不親切ですし、食べこぼして汚れた床をそのままにして帰ってくることもあり得ないでしょう。同様に、通路に水が溜まっていて、そこを通らなければ目的が果たせず、水を排水しなければ利用者さんやホームヘルパーの靴が濡れてしまうのであれば、当然のこととして、排水作業を行うことになるでしょう。

この類のことは、現場での判断で対応を決めて差し支えないと思われます。ただし、そのことによって予定時間が延長になるような場合には、事前にサービス提供責任者などの判断を仰いだ方がよいでしょう。

Q12 掃除の方法が利用者によって様々。どこまで対応してもよいか？

そもそも掃除の支援の目的は、清潔な療養環境の維持のためです。掃除をしなければ利用者の健康状態に悪影響を及ぼす可能性があるなどの根拠が必要です。そのうえで掃除の方法は家庭によっての習慣やこだわりなどがあるでしょうから、ある程度はその方法に基づいて対応することは構いません。ただし、それによって時間が大幅にかかってしまうとか、ホームヘルパーの労力が過重になる場合などは、標準的なサービス提供の観点から制限することになります。

例えば、掃除機をかけた後に床や畳の拭き掃除をすることは、掃除機では汚れが落ちないなどの理由が必要です。食べこぼしが多いとか、失禁した後が残ってしまうなどの場合は拭き掃除まで行う必要があるでしょう。また、掃除機の後にカーペットにコロコロをかけることは、掃除機で吸い取れないような糸くずなどがある場合には認められますが、そのことが療養上に影響がなければ対応は不可となります。

┌─────────────────────┐
│ こんなときどうする？ │
└─────────────────────┘

ケース ある利用者さんから畳掃除の前にお茶がらを撒いて箒で掃くようにいわれました。どうしたらいいですか？

対応例 お茶がらを撒いての掃除は古くから日本の掃除方法でした。最近ではあまりみなくなりましたが、利用者さんのなかには今でも続けている方がいるかもしれません。そしてそのこと自体を制限することはできないでしょう。ただし、その対応によって大幅に時間がかかるとか、お茶がらの準備（お茶がらを貯めておいて天日に干すなど）までを対応することは不適切です。すぐに使える状態になっているものを撒いて箒などで掃くだけであれば、実状から判断して対応してください。もっとも、その後に通常の掃除（掃除機や拭き掃除）を行うのであれば、二重の手間になりますので、どちらか一方の掃除方法を決めていただいた方が適切で

しょう。

Q13 障子や窓の桟の掃除は？

　まずは、それが通常の清掃のつど必要なのかを判断してください。介護給付での清掃の対応は、本人の占有する居室などにおいて、日常的に反復して行われている清掃の範囲とされています。そして、清潔な療養環境の維持が目的です。そのような観点からして、障子や窓の桟が該当するか、必要かを判断することになります。

　障子や窓の桟の清掃のみをもって、即介護給付の対象外とはいえません。しかし、上記のような観点からして、必要と判断されることは現実的には少ないのではないでしょうか。

　例えば、今までにホームヘルパーが清掃中に、利用者から「障子の桟を拭いてほしい」といわれて困ったことが今回の質問になっているのであれば、そもそも介護保険での清掃は、ケアプランや訪問介護計画書に位置付けられた行為のみであることに立ち戻れば、「障子の桟の掃除」が計画の中に位置付けられているかどうかを確認すれば適正な判断ができるのではないでしょうか。

　ただし心配なことは、上記の理由から利用者に対して「だめです。できません。」といったときに、苦情になることです。「やってくれ」「できません」の押し問答をしたのではお互いによい結果をもたらしません。実際に障子の桟を毎回拭いてほしい利用者はいるでしょう。その場合にはどう対応したらよいのか、利用者のためにはどうすることがよいのか、特に生活援助という制限がある中で、社会保障での対応として可能と判断すべきことなのか、ケアマネジャー、利用者、家族、事業者間でよく話し合って決めてください。

　そういった意味において、「障子や窓の桟」はまさしくグレーゾーンといえるのでしょう。

こんなときどうする？

ケース　台風で窓に埃混じりの雨が吹きつけ、そのまま乾いてとても汚れています。利用者から窓と桟を拭いてほしいと頼まれました。どうしたらいいですか？

対応例　その拭く範囲と掃除の仕方にもよります。例えば、外に出て、脚立などで外から窓や桟を拭くことは認められません。あるいは、家の中から、窓を片方ずつ開けて、桟の部分を拭く程度であれば、一概にだめとは言い切れませんが、快適な療養環境の維持のために桟の掃除が必要かどうかで判断していただくことになります。そうなると、結局は、窓ガラスが甚だ汚れているために、そこからみえる外の景色が汚れていて、利用者さんの気分が滅入ってしまうようであれば、窓ガラスを拭くことが必要と判断されます。そしてそれに対応するのは誰かの検討に入ります。何度も示しましたように、優先は本人・家族・友人知人・ボランティアや有料サービスなどです。それらがすべて不可能であれば、最終的に自費サービスでの対応になるでしょう。

Q14 包丁研ぎは？

　まず、「包丁研ぎ」という、掃除にも調理にも属さない行為が、先に掲げた訪問介護のサービス区分に明記されていたでしょうか？　おそらくなかったと思います。であれば、介護給付の対象にはなりません。

　包丁研ぎとは、時々行えば事足りる行為でしょう。そのような行為は、原則として介護給付の対象にはなりません。しかし、調理を援助する際に、包丁が切れなくては困ります。そのようなときには、介護給付外の方法で対応していただくことになります。

　例えば、買い物援助の際に近くの金物屋に立ち寄るとか（この場合、包丁研ぎに時間を要するようであれば、包丁研ぎを依頼している間に買い物援助を行うなどの時間的活用の工夫を要します）、巡回している包丁研ぎ屋さんがあれば利用するとか、ボランティアさんにお願いするとか、などの対応になるでしょう。これらの対応を誰が、いつ、どのように行うのかなどの具体については、利用者、ケアマネジャー、サービス事業者などと協議して対応方法を決めてください。

こんなときどうする？

ケース　あるホームヘルパーが訪問した時、「以前来たヘルパーさんが包丁研ぎが得意で、やってくれたので助かった。またそのヘルパーさんをよこしてほしい」といわれました。どうしたらいいですか？

対応例　まずは、訪問介護で対応できないことをきちんと説明しましょう。その上で、同じ事業所に属する他のヘルパーの不適切な行為を謝ることです。そして、包丁研ぎは上記のような対応でお願いしましょう。

　さらには、このような個人行為によって組織が乱れることをホームヘルパー全員に周知するためのカンファレンスなどを開催するようにしましょう。

Q15 排水口が詰まってしまった。対応方法は？

　ホームヘルパーが調理中に排水溝の流れが悪くなり、とうとう流れなくなってしまいました。おそらくは長年の使用によって徐々に詰まってしまったのでしょう。もちろんホームヘルパーがつまりを直すことは難しいでしょうから業者を依頼することになります。業者への連絡をホームヘルパーがその場で行うことも、緊急性を要する場合には必要かもしれません。ですから、修理の依頼を援助すること自体は制限しません。しかし、仮にそれに要した時間が30分ほどかかった場合に、その時間について介護給付請求を行うことはできないということになります。

　介護給付請求が可能となるのは、あくまでも計画に基づいて、サービス区分コードに該当した行為を行った場合のみです。そのことも、常に介護給付請求を行う際の判断基準にしてください。

こんなときどうする？

ケース1　長年、調理で訪問している独居のお宅があります。最近、排水口の流れが悪く、確認したら汚物などがかなり奥の方で詰まっています。利用者に報告したら、台所はほとんどホームヘルパーしか使わないのだからホームヘルパーの責任で対処してほしいといわれました。ど

うしたらいいですか？

対応例 明らかに何か詰まる物を流してしまった結果であれば別ですが、長年の使用によってたまたまその時に詰まってしまった場合は、責任はホームヘルパーにはありません。まずは、そのことをきちんと納得できるように説明して理解していただきましょう。そして、簡単な清掃で詰まりが直るのであれば別ですが、専門業者などに依頼しなければならない状態であれば、利用者さんの費用負担で行っていただくことも説明しましょう。修理依頼も基本は本人や家族による対応ですが、独居で身寄りがないような場合は事業所の判断を仰いでホームヘルパーが業者に連絡することもあります。規模が大きい修理になる場合などは事前にケアマネジャーに相談して対応方法を検討することも必要です。

ケース2 掃除機をかけていたら壊れて動かなくなってしまいました。弁償する必要はあるでしょうか？

対応例 あきらかに壊れるような使い方をしていたのであれば弁償になります。しかし経年劣化によって壊れた場合は必ずしも責任をとることにはなりません。その証明は難しいのですが、古い家電などを使用する際は、サービス中に壊れてしまうことが想定されますので、その時の判断や対応について事前に利用者や家族と確認しておくことがよいでしょう。だからといって新しい物に買い替えてくださいとはいえませんので、古い家電などを使用する際は、細心の注意をもって使用することをホームヘルパー間で共有しておくことが重要です。物ははずみで壊れますので、大変でも慎重に取り扱うことです。

Q16 銀行での払い戻しは？ 振込みは？

　銀行など金融機関での用事は原則として対応は控えてください。ただし、どうしてもという場合には、利用者から現金を預かっての入金や払い込み（支払い）に限定されます。払い戻しなどの通帳と印鑑を要するものはできません。金融機関では、払い戻しや通帳から引き落としての払い込みなどの場合には、窓口で本人の確認がなされますので、本人以外の受付はできません。

　また、キャッシュカードでの対応は、暗証番号のみで可能ですが、利用者の暗証番号をホームヘルパーが知ること自体が不適切です。金銭を扱う対応は、日常生活上の少額の支払いと、買い物だけにしたほうがよいでしょう。

　これらは、介護給付の対象云々での議論よりも、金銭トラブルや金融機関での取り決め上の問題が発生するために制限が生じてきます。もし、恒常的に対応が必要な場合には、通院等乗降介助にて利用者本人も同行するか、認知症などで行為そのものに支援が必要なのであれば、日常生活自立支援事業や成年後見制度を活用してください。

こんなときどうする？

ケース 宝くじの当選分を銀行で換金してきてほしいと頼まれました。どうしたらいいですか？

対応例 基本的には不適切です。日常生活支援には該当せず、宝くじを購入したり換金したりする行為は娯楽の部類であり、社会保障で対応すべき内容ではないと判断できます。家族・友人などの対応を仰ぎましょう。中には、高額当選などで、家族や知人に知られたくないなどの理

由で頼んでくるケースも稀にあるかもしれません。金額によって判断が分かれることではありませんが、いずれの場合もホームヘルパーでの対応はできません。

Q17 宅配便の受け取りは？

　宅配便の受け取りを目的とする訪問は認められません。例えば、ケアプランに介護給付対象の訪問介護のサービス内容として「宅配便の受け取りを行う」などと書かれた場合には不適切なサービスに該当します。

　ただし、本来の目的で訪問中に宅配便が届いた場合、独居などで自ら対応ができない身体状況であれば、誰かが受け取りを行う必要があるでしょう。おそらくは、ホームヘルパーが受け取らざるを得ない場合もあると思います。玄関のチャイムを無視してサービスを継続することのほうが不自然です。時間にしても1～2分でしょう。そのこと自体を制限するのは現実的におかしなことになりますので、ここで議論するまでもないと思います。その前後で本来の目的であるサービスが支障なく提供できるのであれば、予定の時間にて介護給付請求を行ってもよいと解釈できます。

　ちなみに、生活援助にて来客の接待の制限がありますが、これは利用者の知人などが尋ねてきたときに、お茶を出したり接遇したりすることを指しています。宅配便や郵便の受け取りなどを制限しているものではありませんので、あわせて解釈しておきます。ただし、利用者本人が対応可能な場合や、家族がいる場合にはそちらの方に優先して対応していただくことになります。

　また、着払いや利用者以外の家族への荷物、現金書留、親展の郵便物などの場合、その受け取り自体に判断を要することが考えられます。その場合には、利用者に判断能力があれば確認してから対応することになります。それが無理ならば、事情を説明し宅配便や郵便局の方には不在票を発行してもらうことになるでしょう。

こんなときどうする？

ケース　訪問時、利用者さんから、知人に贈りたいものがあるので、荷物を宅配受け付けの店まで出してきてほしいと頼まれました。どうしたらいいですか？

対応例　給付サービスとして対応することは不適切です。例えば、買い物援助が近い対応になりますが、知人への贈り物などの行為を給付サービスとして支援することは不適切と判断します。

Q18 郵便物の投函は？

　それ自体のみを目的とする訪問介護は認められません。「郵便物の投函」は訪問介護のサービス区分には該当しませんので、介護給付には該当しません。

　しかし、利用者が外出できずに、独居や同居の家族が長時間不在である場合などで、ホームヘルパーが郵便物の投函を対応しなければならない場合はあるかと思います。その場合には、例えば買い物援助の途中に投函するなどの（時間にして1～2分の）行為を制限するものではありません。

　また、利用者の承諾を得たうえで、訪問終了後に帰り道のポストに投函することをも制限するもの

ではありませんが、そこまでの時間を介護給付のサービスとみなすことは適切ではありません。

　ですから、それ自体の行為を単独で介護給付とみなすことはできませんが、利用者の生活状況から鑑みた場合には、郵便物をポストに投函する行為そのものを禁止するものではないということになります。ただし、もし郵便物をポストに投函することのみで困っている（支援を受けたい）利用者がいた場合には、介護保険給付以外のサービス、例えばボランティア、友人知人の支援、有料サービスなどを調整することになります。

こんなときどうする？

ケース　訪問時、利用者さんから、速達で出したい郵便物があるので、封筒に宛名を書いて郵便局に行って欲しいと頼まれました。どうしたらいいですか？

対応例　宅配物のケース解説と同様に不適切と判断してください。ただし、介護保険関係の書類などの公文書に関するものであれば、ケアマネジャーなどに対応できずに困っていることを情報提供しましょう。ホームヘルパーが書類作成などの支援を行うことは好ましくありません。

Q19　ゴミ出しだけの訪問は可能か？

　「ゴミ出し」という行為そのものは、訪問介護サービス区分2−1に該当しますので認められます。しかし、それのみをもって訪問の目的とする場合には制限が加わります。例えば、ゴミをまとめて収集所に出すまでに10分しかかからなければ、それのみをもって生活援助2を算定することは適切とはいえません。

　例えば、アセスメントにてその他の生活援助に該当する行為（掃除など）も要すると判断され、「生活援助2」相当の時間のサービスが提供されたならば、その中にゴミ出しも含まれることになり、介護給付でのサービス提供が可能となります。

　もし、短時間ですむゴミ出しのみを必要とする利用者がいて、他の支援を要さないのであれば、方法としては優先的に、地域支援事業やボランティア、友人知人、町内会での対応、有償サービスなどを調整することになります。

　訪問介護サービス区分コードは、それぞれについて介護給付での対応を認めてはいますが、算定に際しては、介護報酬単位は時間によって定められており、生活援助の場合、単独で扱うには「生活援助2」（所要時間20分以上45分未満）という単位が最低単位になります。よって、その時間に相当する生活援助行為が必要であることが、アセスメントによって判断されていることが介護報酬算定上の要件になります。

　ですから、考え方としては、介護給付の生活援助を算定するためには、20分以上の生活援助行為が必要であることがまずは優先され、その内容として、訪問介護サービス区分に該当する行為で構成されていることが求められると捉えるべきでしょう。

こんなときどうする？

ケース1　町内の資源ごみの回収作業に代わりに行って欲しいといわれました。どうしたらいいですか？

対応例　不適切です。家族や知人などのインフォーマルサポートを調整するか、町内会の方に事情を

話して、参加できないことを了解していただいてください。

ケース2 ごみの分別をしてほしいとのこと。いいですか？

対応例 ごみ出しの支援同様、ごみの分別は認められます。方法としては、日常生活において通常からごみを分別できるように工夫するなどが求められます。そしてごみを出す際に分別しなくてもよいようにしましょう。また、自立支援のために利用者と一緒にごみの分別を行うことは「自立支援見守り（身体介護）」にも該当します。目的に応じて対応方法を検討しましょう。

Q20 近所の家に届け物（回覧板など）をするのは？

これも同様に、その行為を目的とする訪問は介護給付には該当しません。ケアプランに介護給付の訪問介護のサービス内容として「回覧板を回す」などとあれば、不適切なサービスになります。

しかし、独居で本人が外出できずに家族もいない場合、誰かが支援する必要があります。そのような場合には、ケアマネジャーを中心に他の方法も含め調整をすることになるでしょう。具体的には、回覧板を次に回す順番の方に取りに来ていただくようにお願いするとか、友人知人の協力を仰ぐとかが優先的になされるべきでしょう。

どうしようもなく、ホームヘルパーが便宜上対応しなければならない場合には、介護給付外のサービスとして行っていただくことになります。しかし実際には、サービスが終了してから帰りに隣の家によって届けるなどの行為になるでしょうから、そのために要する数分間の対応に対し自費サービスとして料金を徴収することは難しいとは思います。

くれぐれも注意していただきたいことは、現場にて利用者から頼まれ、「それくらいならおやすい御用」と対応した場合、あるいは断りきれずに対応した場合、利用者からすれば当然のことのように把握されてしまい、今後も当然のように届け物を依頼してくるようになってしまうことです。そうならないために、そのほかの類似する不適切な行為も含め、本来は受けられない行為であることを、きちんと事前に説明しておくことが重要でしょう。

こんなときどうする？

ケース 訪問時、近所の方にお世話になっているので、スーパーでお中元を買って配ってほしいと頼まれました。どうしたらいいですか？

対応例 不適切です。買い物支援の要件にも該当しません。家族やインフォーマルサポートでの対応になります。

Q21 ヘルパーだけの病院への薬の受け取りは？

生活援助（区分2―6買い物、薬の受け取り）にて対応可能です。ただし、生活援助の算定要件を満たしたうえで行うことが必要です。本人、家族などが対応可能であるときは、そちらが優先されます。

ケース1 総合病院で薬の受け取りを頼まれました。外来受付を通さなければならず、通常でも2時間はかかります。算定はどうしたらいいですか？

対応例 対応したとしても、算定は「生活援助3」までです。優先順位としては家族やインフォーマルサポートでの対応が優先されます。

ケース2 薬の受け取りを頼まれましたが医療機関で診察を受けるよう言われました。代理受診でもよいとのことですが、ホームヘルパーが対応してもよいですか？

対応例 ホームヘルパーが代理受診を行うのは好ましくありません。代理受診は家族が基本です。診療情報は責任が伴う重大な個人情報ですので、ホームヘルパーが関わることは役割として不適切といえます。

Q22 美容院付き添いは？

　非常に難しい部分です。例えば、パーマをかけるとか髪を染めるなどの目的であれば、付加価値の部分に対する対応になりますので認められないとの判断になります。

　さらには、カットであっても優先順位としては、家族や友人知人の付き添い対応であり、あるいは、地域によっては訪問理美容サービスの活用が基本でしょう。それらの対応が不可能な地域においては、理美容院で理髪をしなければならないことの根拠を示すことで「外出介助」が適用される可能性がありますが、保険者によって解釈が異なるようですので、事前に保険者の承諾を必ず得てください。

　もし可能であると判断された場合でも、往復の移動介助の時間のみの算定になりますので留意してください。美容室内でのカット中などの時間は算定されません。さらには、当然のこととして外出介助が必要である身体状況であることが求められます。

　なお、この解釈は男女とも共通です。

ケース 外出介助での理美容ができないのなら、ホームヘルパーに髪を切ってほしいと頼まれました。どうしたらいいですか？

対応例 散髪は訪問介護サービス区分に該当しません。不適切です。地域の社会資源（訪問理美容など）で対応してください。中には、散髪が得意なホームヘルパーもいますが、好意で対応してしまうと個人行為になり、チームアプローチを崩しますので注意しましょう。

Q23 廊下のワックスがけ（スプレータイプ）は？

　床や廊下のワックスがけは、通知によって生活援助に含まれないとされています。ワックスのタイプは問わず、スプレー式の簡易なものであっても認められないことになります。タイプによって認めるような解釈をしますと、清掃以外のそのほかの行為についても、ケースごとに細かく判断を要することになるため、非常に複雑かつ混乱を招きますので一律に制限せざるを得ないという解釈になりま

す。

ケース 液体タイプのワックスを利用者さんが自分で撒くので、その後の拭き掃除をやってほしいと頼まれました。どうしたらいいですか？

対応例 ワックスがけには変わりありません。要するに、訪問介護での掃除の中にワックスがけやガラス磨きが含まれること自体不適切なのです。極端な場合、清掃業者と一緒にホームヘルパーが入って、清掃業者が大掃除をし、ホームヘルパーが掃除機かけを対応することが不自然なように、本人がワックスがけをし、ホームヘルパーがそれ以外の掃除をすることは不適切と判断しなければなりません。

Q24 猫を飼っていて部屋を汚す。そのための掃除はよいか？

　基本的には認められません。しかし、利用者の居室であって、生活援助が必要な要件を満たした場合、目的が清潔な療養環境の維持であれば清掃する行為は認められます。ただし、その際に猫の排泄コーナーを掃除するとか、餌場を掃除することは対象外になります。

　あくまでも、利用者本人のための環境整備が目的ですので、同一居室内に猫の場所があったならば、そこに関しては対応しないことになります。その周囲に関しては、猫の食べ散らかしなどがあれば、通常の掃除の範囲内で対応せざるを得ないでしょう。

　なお、猫を飼っていることで居室の汚染が頻繁な場合に、そのために生活援助の回数を増やすことは認められません。あくまでも通常に療養生活をしている場合に必要となる環境整備の範囲内での対応になります。猫による汚染で、それ以上に掃除が必要な場合には、他の社会資源（清掃業者など）での対応になります。

ケース スーパーでの買い物支援時に、ペットフードを買ってきてほしいと頼まれました。どうしたらいいですか？

対応例 できません。買い物支援の内容は、すでにお示ししたとおりです。ペットに関することは、餌の買い物から直接の世話まで、一切対応することはできません。しかし、現場の問題として、このような現実的な事柄や、ペットが部屋を汚すとか、ショートステイや入院中にペットをどうするかなどの問題が多いと思います。居宅での生活全体を支援するためには、制度外のニーズに対しても目を向けることが求められます。ペットに関していえば、ペットホテルの所在の確認や、別居の家族による支援、ペット対応のボランティアなど、今後のためにもケアチームで対応方法をいくつか検討しておくことが必要かもしれません。

Q25 調理のための食材を畑からとってきてほしいといわれた。可能か？

　基本的には認められません。サービス区分コードに該当しないからです。ですから、ケアプランに

「畑から食材をとる」というサービス内容が位置づけられても、その部分に関しては介護給付対象サービスとすることはできません。

　おそらく状況的に考えれば、家族などが菜園を作っているのでしょうから、採取も家族に行っていただくべきでしょう。もし、本人が菜園を行っているのであれば、採取もできるはずでしょうし、そのような方に生活援助（調理）が提供されること自体、不自然ともいえます。

こんなときどうする？

ケース　日中独居の寝たきりの利用者に、昼食の調理で訪問しています。昼食の食材に、畑の野菜をとって来てほしいと頼まれました。どうしたらいいですか？

対応例　基本的には対応できないことになります。そのためにどれ位の時間がかかるのかも判断の基準になりますが、食材は基本的に家の中にあるもので対応することが通常ですので、わざわざ畑まで行って採取してくることを調理の中では想定していません。食材が不足していれば、買い物支援での対応が想定されていますが、自分の畑に行って野菜を取ってくることは買い物にはなりません。仮に、目の前の庭先に野菜が実っていて、数分間で採取し調理することまでも制限はしませんが、解釈としては畑の距離の問題ではなく、「調理としての行動範囲≒台所もしくは食材の保存室」的な観点から判断したほうがよいでしょう。

Q26 「一緒に園芸や草取りをしてほしい」どうすればよいか？

　おそらく「自立支援見守り」での対応が可能かの判断だと思いますが、残念ながらできません。自立支援見守りの対象行為は制限があります。具体的には、療養のためや日常生活の維持のための行為のみです。例えば、食事や入浴、排泄、移動、あるいは、生活援助で認められている範囲での家事などです。ですから、それ以外の趣味や娯楽、庭仕事などの行為に関しては該当になりません。

　どうしても生活範囲の拡大のために対応が必要であれば、他の社会資源（ボランティア、友人知人など）を調整することになります。

こんなときどうする？

ケース1　ちょっとだけ庭に出て、気になる枝を剪定したいので、今回だけ庭に一緒に出て、その間体を支えてほしいと頼まれました。どうしたらいいですか？

対応例　「ちょっとだけ」の問題ではなく、自立支援見守りの対象行為には該当しないために不適切と解釈できます。植木の剪定は、いわば趣味ですので、訪問介護での支援対象にはなりません。

ケース2　部屋の中にある植木鉢の花に水をやってほしいとのこと。いいですか？

対応例　やはり不適切です。生活援助に該当しない行為として通知に明記されています。水をやるのに1〜2分でしょうけれど、同じように1〜2分でできる行為が山積して、訪問中の多くの時間を不適切な行為で費やすようになってしまいます。生活援助には対応の可否に対する明確な判断が重要です。

Q27 今まで毎日掃除をして、手の込んだ料理をしていた方が認定を受けた後、同様（同水準）な生活を訪問介護で対応（維持）してもかまわないか？

　訪問介護の基準には、サービス区分の基準はあっても、利用回数の明確な制限はありません。生活援助の頻回訪問も正当な理由があれば認められます。ですから、これこそが適切なケアマネジメントによって判断される部分になります。基本的には、要介護状態にあって、どこまで回復する見込み（本人の意欲と各専門職の意見とでの総合的な判断による）が期待されるかによって、そのために必要なサービス量が決定されます。そして目指すもの（目標）は以前の生活習慣の回復でもあるといえます。

　例えば以前主婦だったころには、毎日掃除をして毎日豪華な料理を調理していたのであれば、そして、その生活に戻ることを望んでいるのであれば、さらにそのことが健康を維持することにつながるのであれば、そのために必要な援助をすることになります。そして、現在はそれらの行為が自分ではまったくできないのであれば、訪問介護でそっくりそのまま対応することが相応しいようにも思われます。

　しかし一方で、介護保険制度を利用して対応する場合、社会保障がどこまで認めているのかも比較検討しなければなりません。その根拠は憲法で規定されている、「国民の最低限保障されている生活水準を維持」するために、社会保障費は使われるという考えが成り立つでしょう。であれば、個人の生活には差異があってしかるべきなのですが、社会保障費はそれらのすべてを保障するには至らないという解釈になります。

　先の例でいうならば、掃除や調理が毎日自分でできるようになることを目指すことは、その方にとって、あるいは関わる専門職にとって、目標設定としてはふさわしいといえますが、それまでの間に提供される介護給付サービスとしては、以前と同水準（いわゆる常識以上に頻繁でありかつ豪華）で対応することはふさわしくないという判断になります。

　では、どれくらいが最低限の生活水準での保障になるのか、これもまた一概に数値で表せないのが現状です。なぜならば、身体状況やある程度の生活習慣は当然に加味した上で、サービス量を個別に決めることがケアマネジメントであり、要介護度によって区分支給限度基準額が決められているからでもあります。結局は、社会保障の理念と個別のケアマネジメントの判断によって「妥当な」サービス量を決めていただくことになります。

　もし、毎日の清掃と豪華な調理の支援が必要なのであれば、社会保障での対応ではなく、有料サービスなどの対応がよいでしょう。

こんなときどうする？

ケース　たまには以前の生活同様、レストランで食事をしたい。ホームヘルパーが介助で同行してほしいと頼まれました。どうしたらいいですか？

対応例　できません。買い物や通院介助などの一部のサービスを除いて、訪問介護は居宅において行われることを原則としています。訪問介護における食事介助に関する場合、居宅内における食事の摂取介助に限定されると解釈できます。
　　　そして、「以前のようにレストランで食事を取りたい」がニーズなのであれば、レストランに行って介助なしで食事が取れるように、「自宅での食事を自立させる」ための支援を居宅にて訪問介護で行い、どうしてもレストランでの食事に介助が必要なのであれば、イン

フォーマルサポートや有料サービスなどで対応することになります。

Q28 調理を利用者と一緒に対応しているが、やたら細かい。従うべきか？

　細かく指示をしてきたり、こだわりが強い方は多いと思います。そして、そのことをもって介護給付に該当するかどうかを判断することは難しいといえます。つまりは、サービス内容そのものがサービス区分に該当するのであれば、介護給付に該当することになるからです。利用者がうるさいから介護給付を認めなくてもよいかという判断は成り立ちません。

　しかし、サービス内容に支障を生じるような場合には給付該当の可否の判断が求められます。例えば、生活援助の調理において、脇で利用者が見ながら味付けや刻み方に対して細かく指示をしてくる場合でも、調理するメニューが特別手の込んだものでなければ給付上は問題がないことになります。むしろそれは、自立支援の観点からみて妥当かどうかで判断することになるでしょう。

　そうではなく、細かく指示を出してくることによって、日常的な調理の範囲を逸脱する場合（特別なメニューを要求してくるなど）には制限が加わります。その際には、介護保険で対応できる調理メニューではないことをケアマネジャーなどが中心となって説明する必要があります。そして、どうしても手の込んだ料理を求めるのであれば、出前のコックさんを頼むとか、介護保険外での対応方法を調整することになるでしょう。

こんなときどうする？

ケース　調理が趣味の利用者さんから、下ごしらえや煮込みに手間がかかる調理を自立支援見守り（身体介護）で一緒に対応してほしいと頼まれました。予定では3時間かかるとのことです。どうしたらいいですか？

対応例　まず、サービス提供はケアプランなどで計画されたものでなければなりません。よって、単発の思いつきのような依頼に対しては、介護保険では対応できません。

　もし、事前の検討の中で、このような調理がニーズとして判断されたことであるならば、まずは何らかの方法を用いて支援する対象となります。さらに、それを訪問介護でできるかという検討ですが、調理が趣味なのであれば、趣味のための支援は不適切と判断します。ですから、このケースのように通常の食事の提供とはいえない、特別手の込んだ調理を趣味として行うための支援であるならば、家族やインフォーマルサポート、あるいは有料サービスなどで対応することになります。

Q29 自立支援見守りで家事を一緒に行っても、利用者から料金が安いからといって生活援助にされてしまう。どうすればよいか？

　サービス開始前の説明対応の問題です。介護給付請求上は、あらかじめ計画されたケアプラン等の内容で算定することになっています。しかし実際にサービス開始後にこのような問題が起きているならば、再度アセスメントからやり直すことになります。

　まず、利用者の生活の意向があって、それを叶えるためのサービスであることが事前にケアマネ

ジャーなどから説明されており、そのことについて契約書を交わしているかが肝心です。契約書など
の書面でサービス内容を同意・確認していれば、このようなトラブルは回避できると思います。

　例えば、ケアプラン上に自立支援見守り（身体介護）にて訪問介護サービスを計画することで同意
を得たとします。具体的に、利用者が主体となって行為を行い、ホームヘルパーは側面から支援する
程度であることを納得していただきます。そして実際の場面にてその通り実施するようにホームヘル
パーは努めます。

　しかし、その日の利用者の体調が思わしくなく、半分も参加できなかったとします。けれども、原
則的には事前の計画にそってサービスは給付管理されることになりますので、結果をもって計画を変
更することはふさわしくありません。ですから、この場合には身体介護で算定することになります。

　一方で、その日の体調がとても思わしくなく、家事に参加することが無理な状態で、結果的にホー
ムヘルパーが予定の家事を1人で行った場合には、身体介護で算定することが不自然になります。そ
の場合には計画はともかく、実績として生活援助で算定することになります。そのことも事前に説明
をしておくことが大切です。

　ですから、利用者が自己負担が安いからといった理由で算定を変更することは不適切です。あるい
は参加しなければ安くなるのであれば、今後も参加しないなどという方もいるかもしれません。中に
は強く主張してくる利用者や家族もいますので、ケアマネジャーを中心に専門職種は、自立支援に向
けた説明と同意を得るための接遇の技術を身につけておく必要があるのです。そして、何のために
サービスを利用し、それによってどのような効果がもたらされるのかという計画内容をしっかりと事
前に示すことと、サービス開始後においても、サービスの目的と利用者の目標を繰り返し確認（モニ
タリング）していくことが求められます。

こんなときどうする？

ケース　利用者さんと一緒に買い物に行くことで身体機能と生活機能の向上を目指しています。たま
たま訪問時に体調が思わしくないようで、その日はホームヘルパー1人で買い物に行って欲
しいと頼まれました。どうしたらいいですか？

対応例　介護保険制度では、原則として計画上の算定に基づいて給付管理を行うとされています。し
かしこのケースのように、計画としては身体介護なのですが、実際にはホームヘルパー単独
での買い物で対応したわけですから、実績上は生活援助とみなされます。
　そしてこのような依頼を受けた場合、ホームヘルパーによる現場での判断のみで対応するの
ではなく、現場から事業所などに連絡を取り、サービス提供責任者などの判断を仰ぐことが
適切といえます。

通院等乗降介助／通院介助に関して

Q30　通院等乗降介助に家族を同乗させてもよいか？

　まず、通院等乗降介助の解釈ですが、A地点からB地点へ移動することを目的としているのでは
なく、A地点およびB地点での車の乗り降りの介助（移乗介助）及び移動介助を目的としているため、

車に複数人乗せることは問題にはなりません。ですから、A地点からB地点まで複数の要介護者を乗せることは制度上認められています。

しかし、同乗者が家族である場合、制限が加わります。まず、家族が健常であれば、家族による乗降の介助が可能であることが想定されます。そのこと自体、通院等乗降介助を利用する必要がないと判断されます。通院等乗降介助はタクシー代わりではありませんので、家族による乗降介助が可能であれば、一般のタクシーを頼んでいただくことになるでしょう。

しかし、家族が乗降の介助をできる状況ではないが、通院には同行しなければならないという場合には、適用に当たっては道路運送法による要件を満たす必要もあります。同行者を搭乗させることについての可否をあわせて確認してください。

こんなときどうする？

ケース 高齢者夫婦世帯で、ご主人の通院等乗降介助で訪問しています。奥さんは認定を受けるほどではないのですが、治療のためご主人と同じ病院に通っています。たまに受診予約日が夫婦とも同じ日になり、夫の通院の時に一緒に乗せていってほしいと頼まれます。どうしたらいいですか？

対応例 基本的には先に説明しましたように、家族の同乗は認められません。しかし、家族が通院のための介助が困難であって、医師の診断や説明を一緒に聞く必要があるなど、本人の通院に家族が同行しなければならない場合には保険者によって認められる場合があります。しかし、このケースのように、同行する目的が家族自身の受診であれば、通院等乗降介助での対応は不適切となります。

Q31 今回、医療機関間の算定も認められたが、通院の帰りにスーパーで買い物をすることも同様に算定できるか？

算定可能です。今回の適用が拡大された趣旨は、利用者の身体的・経済的負担軽減と利便性の向上のためとされていますので、目的地は医療機関以外にも今までの通院等乗降介助で対応可能な目的地も含まれると解釈できます。ですので、例えば医療機関からスーパーでの買い物という組み合わせでも算定は可能と解釈できます。

なお、買い物の目的も生活援助の買い物に準じた内容に限りますので注意してください。また、店内を訪問介護員が同行し移動介助を行っても、それをもって身体介護は算定できません。通院等乗降介助に包括された扱いとなります。

こんなときどうする？

ケース1 通院の帰りに、隣町のスーパーが安売りをしているので連れて行って欲しいと頼まれました。どうしたらいいですか？

対応例 通院等乗降介助はあくまでも車の乗り降り時の介助に対する評価ですので、距離の問題ではありません。移送サービスとしての料金設定で対応することになります。しかし、介護保険制度の解釈としては、近隣のスーパーなどでの買い物が優先されます。介護保険サービスが絡んでいる以上、病院の帰りにわざわざ隣町へ買い物に行くような支援は対応できないと解

釈すべきです。このようなニーズに対しては、支援全体を自費での対応にしたほうがよいでしょう。

ケース2 複数のスーパーへの買い物もすべて算定できますか？

対応例 解釈上は複数回の通院等乗降介助の算定は可能です。しかし、なぜ複数のスーパーに行くことを必要としているかの理由が重要になります。買い物の目的は日用品に限られますので、基本的には1か所のスーパーで賄えると思います。買いたい商品が売り切れていた、特定の商品だけ他のスーパーで特売をしている、などの理由では適切とはいえません。社会保障としてのサービスである以上、売り切れていたらほかの代用品で済ませるべきですし、特売品を求めて複数のスーパーをはしごするなどは不適切です。医療機関以外で通院等乗降介助を複数算定する例としては、受診後に別の場所にある薬局に寄って処方薬を受け取るとか、近くのスーパーで買い物をして帰るなどの場合でしょう。

Q32 サービス担当者会議を事業所などで開催する場合、利用者の参加を確保するために活用してよいか？

　残念ながら、サービス担当者会議の目的では原則として算定できないこととなっています。その理由としては、サービス担当者会議は自宅開催も可能であるためです。通院等乗降介助は、その目的を果たすためには現地まで行くという必要性があって、そのためには自動車での移動を要するものについて、その際の乗降介助を基本的に認めたものです。

　ですから、自宅でも可能なサービス担当者会議に関しては、原則として認められていません。しかし、どうしても自宅では開催できない場合に、利用者の移動を伴い、そのための手段が他に確保できない場合には、その理由を保険者に相談してみてください。個別判断になります。

こんなときどうする？

ケース1 通院の際に医療機関の会議室を借りてサービス担当者会議を開催します。その際に、往復の移動手段を通院等乗降介助で対応してもいいですか？

対応例 通院等乗降介助は、サービス担当者会議のための利用は想定されていません。ですから、どこかの会議室でサービス担当者会議を開催する際の移動手段としては、通院等乗降介助は利用できません。しかし、このケースのように、受診することが目的で、その後サービス担当者会議を院内で開催する場合には、対応は可能と判断できます。もちろん、会議終了後に帰宅する際にも利用は可能です。

ケース2 通院した後にデイサービスの会議室でサービス担当者会議を開催しますが、そこまでの移動の際も通院等乗降介助を算定してもいいですか？

対応例 今回の改定で、通院後にデイサービスに送り届けた際にも通院等乗降介助が算定できるようになりました。ですから可能と判断できますが、このケースの場合、デイサービスに行く目的がサービス担当者会議だけであれば、デイサービスの利用目的ではありませんので不適切になります。もし仮に、サービス担当者会議を終えてからデイサービスの利用をするのであれば算定が可能です。今回の改定で、デイサービスやショートステイを含む送迎時の通院等乗降介助が認められましたが、あくまでもサービス利用時であることが必要ですので、単に

場所の問題ではないと解釈すべきでしょう。

ケース3 デイサービス利用中に通院の迎えに行き、受診後にデイサービスに送り届けた場合も通院等乗降介助は算定できますか？

対応例 できません。出発点もしくは終着点のどちらかが自宅であることが要件です。

ケース4 利用者が具合が悪くなり一時的に同市内の長男宅で静養しています。長男宅から通院しますが、通院等乗降介助は利用できますか？

対応例 通院等乗降介助は訪問介護の類型サービスです。訪問系サービスは基本的には住所地に訪問することになっています。しかしながら、このケースのようにやむをえない理由がある場合には、特例的に訪問が認められる場合があります。その場合には事前に保険者の承認が必要ですので確認してください。

ケース5 2件の医療機関を受診する際に、自宅での出発前の介助、院内外での介助すべてに対し介助が必要な場合、運転時間を除いて2件の医療機関での介助時間も含め、身体介護で算定することは可能ですか？

対応例 まず、身体介護で算定する要件を満たしていれば可能です。ただし、運転中の時間は除きますので、あくまでも医療機関における乗降介助と、院内介助の要件を満たしているのであれば、それらの時間の積算で算定することになります。

Q33 病院が遠い場合、片道30分を超えてしまってもよいか？

かかりつけ医が遠方の場合にも対応して差し支えありません。ただし通院等乗降介助を算定する場合には、距離に関係なく片道99単位です。現実的に対応可能な範囲は、事業所が届け出ている「通常の提供地域」などを考慮して利用者との合議のうえで決めることになります。

なお、あくまでも基準どおりに乗車・降車、受診前後の手続きなどの援助が必要な状態の方に限定してください。遠方なのでタクシーより安いからといった理由で利用することがないように適切に判断してください。また、遠方の医療機関にかかる客観的な理由をもって判断してください。可能であれば地域の医療機関などと連携して、近医の受診が可能となる支援体制作りも検討しましょう。

こんなときどうする？

ケース 通常のかかりつけ医に受診したら、新たな疾患が見つかり、遠方（車で2時間）の専門の病院で診てもらうよう紹介状が出されました。通院等乗降介助で対応してほしいとのことです。どうしたらいいですか？

対応例 このケースのように、主治医の指示で遠方の医療機関に行かなければならない場合には、通院等乗降介助での対応は可能です。おそらく、走行距離に対しても料金が発生しますので、そちらは移動距離相当分を支払うことになるでしょう。あとは、業者が対応するかどうかの確認になります。

Q34 通院等乗降介助のみの利用のケアプランはだめか？

だめなら、必要ない身体介護か生活援助をあえて入れることになるが、そのほうがおかしいのでは？

留意事項通知において「通院等のための乗車又は降車の介助」の算定における留意事項が示されており、それによると「生活全般の解決すべき課題に対応した様々なサービスの1つとして、総合的な援助の一環としてあらかじめ居宅サービス計画に位置付けられている必要があり・・・・総合的な援助の一環として、解決すべき課題に応じた他の援助と均衡していること」とされています。

つまり、ケアプランの中に位置づけられたいくつかの課題の1つが「通院等の介助」であることが適正な利用になります。具体的には、「他の援助との均衡」が用件になっていますので、必ずしも介護保険サービスなどのフォーマルサービスでなくても構わないといえます。他のいくつかの課題とそれに対する援助が家族や友人などのインフォーマルサポートでの支援でまかなわれており、フォーマルサービスが結果的に「通院等乗降介助」のみであれば構いません。問題となるのは、ケアプラン上に通院等乗降介助以外の支援策や生活課題が何もない状態では不適切という解釈になります。

すなわち、通院等乗降介助を必要とする状態の方は、必然的に中・重度者であることから、通院のみの支援でもって日々の生活が確保できることは考えにくいという解釈にもなるでしょう。ケアプランには家族の支援などのインフォーマルサポートも記載することになっていますので、それらの中での均衡という解釈で構いません。仮に通院に対する生活課題のみしか挙げられないケアプランの場合は、ケアマネジメントの関わり方の問題だともいえます。

ちなみにこの質問と類似するものとして、国のQ＆Aにおいても「通院・外出介助サービスのみのケアプランは想定されない」とされています。

こんなときどうする？

ケース 利用者さんが、通院の介助だけしてくれれば他はいらないといっています。どうしたらいいですか？

対応例 ケアマネジメントは利用者のデマンズ（要求・要望）のみに対応すればよいものではありません。専門多職種がチームで関わることでみえてくるニーズ（生活上の課題、目標に向け解決を要する課題）を明確にすることが重要です。ですから、利用者が通院以外の支援はいらないといっていても、きちんとアセスメントやサービス担当者会議などを行うことで、本人が気付いていないニーズを抽出し提起することが必要です。しかし一方で、ケアマネジメントは利用者の同意に基づいて実施されるものでもありますので、これらの過程を経たうえで、結果的に利用者が支援を要しないと判断したのであれば、それは仕方ないことです。

ただし、このような場合、利用者が他の支援を要しないという理由を把握することが重要です。自己負担などの経済的な事情があるのか、実生活において今後支障が生じる可能性があるが、本人が気付いていない場合などが考えられます。いずれ、経済的なニーズであったり、今後の新たなニーズに発展する可能性がありますので、それらも含め利用者と話し合っていく関係を作ることが求められます。

Q35 院内介助が認められる場合（状態）とは？　（認知症、精神疾患、全盲…）
精神疾患や認知症の方の場合、院内介助は必要では？

　基本的に、院内の介助は病院の職員によってなされるべきです。しかし、病院側の対応ができないという確認をとることによって、身体状況的に必要であれば「通院等乗降介助」あるいは「通院・外出介助（身体介護）」にて算定することが可能となります。その場合の方法については、先に掲げた通知・解釈を参照してください。

　そして、具体的な身体状況についてですが、ご質問のような認知症、精神疾患、全盲などの病名や障害によって一律に決められることではありません。すべてはケアマネジメントにおいてアセスメントを行い、状態的に必要であることが合議的に判断されれば可能ということになります。さらには保険者に確認を取っていただくことが確実な方法でしょう。

　ですから、認知症があっても、待合室で1人で待つことができ、名前を呼ばれたら診察室に入れるのであれば院内の介助は認められないことになります。このことは、精神疾患者であれ全盲障害者であれ同様に判断されなければなりません。院内での介助が必要である状況のポイントとしては、

- ・待合室などで体を支える、体位を整える、移動・移乗の介助を要する、排泄の介助を要する、徘徊などを防ぐ、他者に危害を加えるのを防止する、などの行為を常時要する場合
- ・受付や会計、処方箋による薬の受け取りなどの行為が認知障害あるいは行動障害などで1人では行えない場合

です。

　なお、診察室内で診察のための衣類着脱や身体保持、医師の指示を理解・記憶するための援助を要する場合でも、診察室内では医療保険が算定されていますので、それらの介助をしたとしても介護保険は使えない時間帯とみなされますので留意してください。

　また、病院の職員では対応できないこと、院内での介助が必要である身体状況であることの判断や根拠が、アセスメント票、ケアプランもしくは支援経過記録等に明記されていることが必要です。病院からの書面での証明までは必要とはしません。

こんなときどうする？

ケース　病院受診時に、病院側から付き添いをするよう依頼されました。どうしたらいいですか？

対応例　院内介助の要件は、単に病院側からの依頼のみでは認められません。上記したような要件を満たした上であれば院内介助についても算定することができます。

Q36 外来受診で結果的に入院になってしまった場合、算定できるか？

　今回の改定で入院や退院時の通院等乗降介助の算定が可能となりました。入院とは、予定入院だけでなく、外来受診の結果そのまま入院となってしまった場合でも算定が可能です。

こんなときどうする？

ケース　入院中の利用者さんが外泊を希望しています。外泊の送迎を通院等乗降介助で頼まれました。どうしたらいいですか？

対応例　認められません。介護保険と医療保険制度の併用は認められません。入院中は医療保険が算

定されていますので、外出時や外泊時も入院中の扱いであるため、介護保険制度を併用することはできません。また、介護保険施設等に入所中においては「施設サービス費」が算定されていますので、通院等乗降介助などの「居宅サービス費」は利用できないことになります。

Q37 県外までの通院介助（電車利用、長時間の身体介護になるが…）は可能か？

まず、外出・通院介助（身体介護）をどのような交通機関を利用して行うかは問題になりません。ですから、タクシーであれ電車であれ、通院介助そのものの必要性が判断されていれば算定が可能です。しかし、ご質問のように遠方になる場合には更なる判断が必要です。
　・遠方の医療機関が主治医であるのか
　・定期的に通院を要する状態であるのか
　・地域の医療機関では対応ができない疾患なのか
　・家族や知人、その他のインフォーマルサポートでの対応はできないのか
　・往復の過程の中で介助を要する部分はどれくらいあるのか
などを明確にアセスメントする必要があります。これらに全て該当するのであれば、サービスの検討に値します。

もし、遠方への通院の目的が、地域の医療機関では利用者が納得できず、初診で大都市の大学病院に行くなどの理由の場合、通常の通院とは異なりますので、介護保険を利用しての対応は難しいといえます。

また、要件を満たした場合でも、乗り物の中や病院での待ち時間においては介助を要しないのであれば、その時間は算定から除くことになります。

さらには、おそらくは身体介護9での算定になるでしょうから、その理由を事前に保険者に確認して承諾を得ておくことが必要でしょう。

繰り返しますが、基本的にはインフォーマルサポートでの対応が優先されるケースといえます。単に家族が面倒だからとか、忙しいからといった理由ではサービス提供には該当しませんので、調整を慎重に行ってください。

　こんなときどうする？

ケース　通常の主治医からの指示で都市部の大学病院で外来検査をすることになりました。家族が同行するのですが、車イスの移動になるため、介助に不安がありホームヘルパーの同行を求められました。どうしたらいいですか？

対応例　まず、遠方医療機関への通院介助の可否は先にお示ししたとおりです。その要件を満たせばホームヘルパーの同行は認められます。ただし、このケースのように、介助に不安があるといった程度の理由では算定は難しいかもしれません。家族の介護力がほとんどなく、利用者を車イスで移動させるためには専門職の技術を要すると判断されれば、家族の同行に加え、ホームヘルパーの同行介助が認められる可能性はあります。ただし、優先順位はインフォーマルサポート、有料サービスです。まずそちらの資源を探すことが先決でしょう。

Q38 総合病院などは院内での待ち時間が2～4時間にも及ぶが、身体介護で算定可能か？

その待ち時間の間の状態にもよります。利用者の身体状況が、待合室で待っている間にも身体に対する介助が必要と判断されれば算定は可能です。前述した要件を満たしているのであれば、長時間の介助を身体介護で算定することは可能です。

しかし、一方で介護保険サービスは計画に位置づけられたもののみが算定の対象となりますので、結果論で算定内容を決定することは好ましくありません。ですから、このような総合病院などの通院介助の場合には、通常の所要時間を事前に確認しておく必要があります。そのうえで長時間の対応の必要性の根拠をケアプランなどに明示しておく必要があります。

あるいは、今後も継続して受診が必要なのであれば、他の地域の医療機関（診療所など）との連携にて対応することはできないのか、家族や他のインフォーマルサポートで通院を対応することはできないのかなどの調整を試みることも重要です。

なお、ホームヘルパーが利用者と病院で待ち合わせをして、院内のみの介助をもって身体介護を算定することはできません。あくまでも居宅を起点もしくは終点とすることが求められます。

さらには、通院等乗降介助で算定する場合には、院内のみを身体介護で算定することはできません。院内も通して通院等乗降介助とみなされますので留意してください。

> **こんなときどうする？**
>
> **ケース** レントゲン検査の際の衣類着脱のみ介助を要します。院内介助の算定理由になりますか？
>
> **対応例** なりません。おそらくはレントゲン室での衣類着脱介助になるでしょうから、診察室と同様、医療保険の算定中の行為とみなされ、介護保険の算定はできないと解釈できます。

Q39 通院などの際の車中介助が必要な状態とは？
通常のタクシーで、ホームヘルパーが同行した場合、身体介護で算定可能か？

通院等乗降介助ではなく外出・通院介助（身体介護）で通院等の介助を対応する場合には、移動の手段に関してはタクシーなどの公共交通機関などを確保することになります。ホームヘルパーが1人で訪問した場合に車の運転まで対応することはできません。ホームヘルパーは車中においても利用者の隣などで介助をすることになります。

そして、車内での介助を要する身体状況とは、

・座位保持が不安定で支えが必要である場合（ただし、車イス対応のタクシーなどの場合、車椅子で座位が保持できる場合には介助の必要はない）

・車外に出てしまう、運転手を妨害する、自傷行為があるなどの危険行為の恐れがある場合

・その他、身体状況的に常に見守りや直接的な身体介護を必要とする状況にある場合

などです。

これらに該当するかどうかをアセスメントのうえ、利用者（家族）・事業者・介護支援専門員の合議で判断してください。該当すると判断された場合には身体介護での算定が可能です。

なお、医療依存度が高い方で、急変の可能性がある場合、医療器具を装着したままの移送を要する場合には、訪問介護での対応ではなく看護職などが対応することが望まれます。

ケース 独居の利用者が訪問時に急変し救急車を呼びました。搬送の際、救急隊員から同乗するよう依頼されました。どうしたらいいですか？

対応例 基本的にはホームヘルパーが搬送の際に救急車に同乗することには消極的でよいと思います。ただし、サービス中の急変において、同行する家族がいない場合、便宜上同行することを制限はしません。ただし、その時間を身体介護などで算定することはできません。ですから、あくまでも便宜上の対応とみなされます。さらには、搬送時には早急に家族等に連絡し、搬送先の病院まですぐに来ていただくよう依頼することが大切です。

Q40 心不全がある方で、普段は自立しているが急変に備えて通院・院内も介助してよいか？

　心不全という疾患のみをもって判断することは適切ではありません。急変が起こる可能性がどの程度あるかも重要となります。例えば、普段の生活は自立しているということですが、自分で通院することも可能な状況であれば通院介助そのものも認められません。

　また、居室内の生活は自立しているが、外出時には身体状況として常に介助を要するのであれば、通院のための介助も認められます。まずは ADL も含めた身体状況から判断を要します。

　さらには、院内の介助についてですが、これも疾患名のみでなく状態において必要性を判断することが必要です。急変に備えてといった理由での介助は、常時介助が必要な状態には該当しませんので、基本的には算定できないと判断されます。

　また、重度の心不全で、常に急変の恐れがあるような重篤の場合には、介護職ではなく看護職などが対応すべきでしょう。院内に関しては病院の職員による対応を個別に調整するべきでしょう。

ケース 先天性の全盲の利用者さんが初めての病院に受診します。勝手がわからず不安なので通院介助で対応してもよいですか？

対応例 単に不安だからという理由では通院介助の算定要件にはなりません。全盲であることで、受付や会計などの介助が必要であるなどの身体的理由が必要になります。ただし、このケースのように、先天性の全盲の方の場合、日常的に外出などの活動は自立していることがありますので、そのような場合には通院介助は必要ないと判断するべきでしょう。

Q41 通院等乗降介助と身体介護での対応の通院介助との使い分けは何を基準に判断するのか？

　通院等乗降介助は、あくまでも乗車・降車時の介助を要する場合に算定されます。ですから、移動中においてはホームヘルパーが運転しますので、移動中の車内での介助も必要な方であれば該当しないと判断されます。

　「身体介護が中心である場合（以下、身体介護中心型）」での対応は、通院等乗降介助による乗車・降車での介助だけでは十分ではない場合に適用します。通院等乗降介助は外出前や帰宅後の介助まで

は考慮していませんので、外出前や帰宅後に、要介護4、5の場合は20分以上、要介護1以上の場合は30分以上の身体に関する援助が必要な場合には、身体介護中心型での算定を行うことになります。やはりホームヘルパーが運転しますので、移動中の時間は算定できません。この適用要件については、先に掲げました通知文をよく読んでください。

　また、「通院・外出介助（身体介護）」での算定の場合には、移動手段は公共交通機関などを確保していただくことになります。身体状況的に、車中も含めて介助が必要である場合に算定します。ホームヘルパーは、公共交通機関などの車内においても、利用者の隣などで身体の保持などの介助を行うことになります。ですから、そのような身体状況であることが適用する上での基準になります。

こんなときどうする？

ケース　利用者さんは車中の介助も要する状態なので身体介護で対応したいのですが、家族は自己負担が高くなるので通院等乗降介助で対応してほしいといっています。どうしたらいいですか？

対応例　必要なサービスは、ケアマネジメントにおいて、アセスメントによって抽出されたニーズに基づいて判断されるものです。自己負担が高いか安いかで判断されるものではありません。利用者さんにとってみれば自己負担額は重要な部分でしょうけれど、それによって不適切なサービスが提供されることは避けなければなりません。このケースの場合、車中の身体保持などの介助が必要なのであれば、後部座席で車イスに座っているだけの通院等乗降介助では走行中に危険が伴う可能性があり、適正な対応が求められるところです。事前の根拠に基づく分かりやすい説明が重要になります。

Q42　病院の場所が遠いため時間が長くなるので身体介護で算定してよいか？

　そのような理由で「身体介護中心型」や「通院・外出介助（身体介護）」を算定することは認められません。さらには、ホームヘルパーが運転して「身体介護中心型」を算定する場合には、運転中の時間は除きますので算定する上で距離は関係なくなります。

　また、タクシーなどの公共交通機関を利用して「通院・外出介助（身体介護）」を算定する場合には、車内の介助に関しても身体介護で算定できますが、そのための要件に関して該当するかどうかの判断を要します。ご質問のような遠方への医療機関への通院を援助する場合には、Q37とQ39の両方の判断を要しますので参照してください。

こんなときどうする？

ケース　かかりつけの主治医の指示で、電車で2時間かかる病院へ検査に行きます。車中や受診の時間も含め、往復5時間はかかる見込みです。1人では心細いので同行してほしいといっています。どうしたらいいですか？

対応例　このようなケースの介助者の優先順位としては、家族、友人知人、ボランティア、有料サービスになります。かなり長時間の支援があらかじめ想定され、なおかつケアプランにもともと位置づけられた支援ではなく、さらには単発の支援の可能性がある場合には、介護保険での対応は制限されると解釈した方がよいでしょう。事前にきちんと説明し、理解をいただき

ましょう。

Q43 前後に身体介護を実施しているので身体介護で算定してよいか？

　ただ前後に身体介護をしただけでは該当しません。詳しくは通知・解釈を参照してください。基本的には要介護4、5の場合は20分以上の外出のための介助を外出前や帰宅時に提供するか、要介護1以上の場合には外出に直接関連しない身体介護を30分以上提供する必要があります。もちろん、そのような介助を必要とする身体状況であることが求められます。くれぐれも、身体介護中心型を算定したいがために、不必要な身体介護を前後に実施するようなことはないようにしてください。

　また、出発前にのみ上記の身体介護を提供し、帰宅時には提供する必要がない場合には、行きについてのみ身体介護中心型を算定し、帰りに関しては通院等乗降介助を算定することになります。

こんなときどうする？

ケース　起床介助（身体介護）を30分提供し、その後掃除など生活援助を1時間提供した後に通院に同行します。身体介護中心型として算定できますか？

対応例　身体介護中心型は、上記しました要件を満たすことが必要です。よって、生活援助をはさんで支援した場合、上記要件を満たさなくなりますので、引き続きの通院は、ほかの方法で対応していただくことになります。

　例えば、通常の訪問介護サービスの算定要件としては、サービス提供の間隔を2時間以上空けることが求められていますが、通院等乗降介助の場合はこの規定が除外されていますので、このケースの場合には、生活援助の後に通院等乗降介助で対応することも可能です。もちろん、この場合でも通院等乗降介助を適用するための要件を満たしていることが必要です。

Q44 「自立生活支援のための見守り的援助」が必要な場合、院内の全時間を算定してよいか？

　一律には算定できません。「自立生活支援のための見守り」とは、利用者が何かの行為を行っていることを、自立支援の観点から支障がないように見守ることですので、例えば待合室でただ椅子に座って待っているだけであるならば、自立生活支援のための見守りには該当しません。ですから、その時間を算定から除く必要があります。

　具体的には、本人が受付や会計をする際に見守るとか、トイレに行くときに見守るとかの状況を指しています。あるいは、身体状況的にまったく目が離せないのであれば、待ち時間も含めて通して算定することは可能です。但し、診察室内は医療保険が算定されますので、介護保険を算定することはできません。詳しくはQ35を参照してください。

こんなときどうする？

ケース　過去に何度か院内で転倒している利用者さんに、心配なので院内介助をしてほしいといわれました。どうしたらいいですか？

対応例　転倒する危険性の頻度によって判断されるケースです。過去に1回転んだので不安だから付

き添ってほしいような場合には、適用は難しいと判断されます。通院のつど転倒していると
か、転倒の危険性がかなり高い場合ですと、1人での通院が困難と判断されます。そうなり
ますと、通院時に車イスなどの何らかの支援が必要と判断されます。そのための人的支援の
方法は、やはり優先的には家族、知人、インフォーマルサポートなどになります。もし、支
援に専門的な技術を要する場合には、訪問介護が優先されることもありますが、このケース
のような場合には、上記の優先順位で支援することになるでしょう。

Q45 院内介助を自費で対応することは可能か？ （前後は通院等乗降介助を算定）

　原則としては認められないのですが、対応する方法にもよります。例えば、居宅を起点として、帰
宅するまでを一連のサービスとみなした場合、その間の一部を自費にて算定することは不適切です。
通院等乗降介助にて一定の要件に該当すれば包括的に院内介助を認めているため、介護保険で保障し
ている部分を自費で請求することは不適切という解釈になります。

　しかしながら、通院等乗降介助は片道ずつの算定も認めており、つまり、片道ずつをもってそれぞ
れが単独のサービスという計画を策定していれば、その間（院内）にて利用者が独自に他のサービス
（介護保険外）を依頼した場合、制限ができないことになります。ですから自費での利用も可能と判
断されます。ただし、前後の「通院等乗降介助」との明確な区分がなされていることが必要です。

　また、自費サービスとするかどうかの考え方としては、本来、ケアマネジメントにおいて院内の介
助も必要と判断された場合には、介護保険適用とするべきですので、通院等乗降介助または身体介護
中心型などの要件を満たしたうえで対応するべきです。すなわち、ケアマネジメントで院内介助が必
要な身体状況であるとみなされた場合には、院内介助だけをもって自費サービス扱いとするのは不適
切といえます。

こんなときどうする？

ケース　迷った時にケアマネジメントで必要性を判断する場合の具体的な方法について、どうしたら
いいですか？

対応例　ケアマネジメントは「合議」です。ケアマネジャーが独断で決めることはできません。基本
的には本人・家族・主治医・サービス提供者など関係者、多職種によって話し合って方向性
などを決めるための仕組みです。その中で、訪問介護に関する判断が必要な場合は、少なく
とも利用者・家族・ホームヘルパー（サービス提供責任者）・ケアマネジャーで話し合うこ
とが必要です。関係者が利用者宅などに集まってカンファレンス（サービス担当者会議）を
開催し、全員の意見を求めます。そのうえで1つの見解・判断を決めます。それらの過程と
結果をケアプランや担当者会議記録用紙（第4表）などに記載します。さらにサービス提供
（介護報酬算定）に不安が残る場合には、それら一連の記録を添えて、ケアマネジャーが保
険者に算定の承認を求めます。「サービス担当者会議で話し合った結果、このケースにおい
てこのサービスを必要と認めましたので、ご承認ください！」といった確認を行い、そのう
えで保険者の承認が取れれば、胸を張ってサービスを提供してください。

Q46　通院介助の算定に対し不安が大きいため、すべて自費で徴収している事業所がある。そのような状況こそが問題ではないか。

　基本的には、介護保険を利用しないサービスは、まったくの自費の自由契約による消費活動になりますので、その上での関係各法（道路運送法など）に抵触しない限り違法とはいえません。ですから、介護保険が使えるのに、利用者が納得した上で自費での利用をしているのであれば、それをもって介護保険法にて指導監督をすることはできないことになります。

　ただし、利用者が介護保険を利用できる状態（保険事故）にあって、利用者が介護保険での対応が可能であることを知らずに、事業者がそのことを知りえながら、あるいは確認せず（故意または過失）に介護保険で対応可能な行為を自費での対応とするようなことは不適切といえるでしょう。

こんなときどうする？

ケース　自費サービスを提供する場合の料金設定は、どうしたらいいですか？

対応例　自費サービスの提供方法にもよります。例えば、ケアプランにおいて介護給付サービスを位置づけ、区分支給限度基準額を超えてしまうために、引き続き自費で同内容のサービスを提供する場合、自費での徴収は介護報酬と著しい差異を設けてはならないこととなっています。すなわち、基本的には介護報酬額で請求することが妥当と解釈できます。
　一方、介護給付でのサービスとはまったく別に、なんら関連性・連続性を持たずに、介護保険では認められないような内容を支援する場合には、まったくの個別契約のサービスになりますので、料金設定は事業者の任意になります。

Q47　往復の車中を2人のホームヘルパーが対応し、1人が運転手となって、もう1人が後部座席で付き添った場合、1人分について身体介護で算定してよいか？

　形態としては、通常のホームヘルパーが同行しての外出・通院介助になりますので算定は可能です。しかし、利用者が車内においても介助が必要な状態であるかをアセスメントしたうえでの算定になりますので留意してください。車内での介助を要しない状態であれば、介護給付請求はできません。

　また、1名は運転手ということですが、そちらに関してはなんら介護保険上の算定はできませんので重ねて留意してください。また、道路運送法上の取り扱いについても十分に確認してください。

こんなときどうする？

ケース　2名で対応する場合、運転手はホームヘルパーの資格がなくても大丈夫ですか？

対応例　かまいません。介護報酬を算定するものではないので、資格基準などは適用されません。また、移送によって料金を徴収するのでなければ、道路運送法の適用もありません。いわば、ボランティアとして、あるいは知人を乗せるような場合と同じ扱いになります。ただし、事故などの保障は整えておくことが望まれます。

訪問介護における医療行為ではないとされる行為の対応に関して

Q48 医療行為についてどこまで認められるか？

　訪問介護における医療行為は原則として認められません。先に掲載した通知「医師法第17条、歯科医師法第17条及び保健師助産師看護師法第31条の解釈について」（H17.7.26医政発第0726005号）「医師法第17条、歯科医師法第17条及び保健師助産師看護師法第31条の解釈について（その2）」（R4.12.1医政発1201第4号）は、「医療行為ではないもの」として国が認めたものです。ですから訪問介護での対応が可能という解釈になります。なお、医療行為ではないとされたものの具体例は、通知を参照してください。

　そして平成24年4月より、「改正社会福祉士法及び介護福祉士法」により、介護職等による喀痰吸引と経管栄養の実施が合法化されました。ただし、いくつかの条件が課せられていますので、それらをクリアしたうえでの**医療行為の実施**となります。

　さらに、認められた条件下における喀痰吸引と経管栄養の実施と、先の通知にある医療行為ではないとされた行為を訪問介護サービスにて対応することをもっては医療法等には抵触しませんが、訪問介護費の身体介護で算定できるのは喀痰吸引と経管栄養の実施のみで、それ以外の「医療行為ではないもの」とされた行為に関しては、介護報酬によって評価されるものではありませんので留意してください。現場での行為を制限はしませんが、それをもって身体介護の算定をすることは現時点ではできません。

　ですから、訪問時間の中で「医療行為ではない」とされた行為を実施した場合には、例えばそれが20分〜30分を要した場合、介護給付請求からその時間を除くことになります。さらには、訪問介護の中でこれらの行為を実施する理由は、あくまでも訪問介護のサービス区分に該当する行為を遂行するためであって、そのためにやむを得ず今回認められた「医療行為ではない」とされる行為をせざるを得ない場合に認められるものです。また、だからといってその部分に関して自費で請求することも不適切であるといえます。一連の訪問介護サービスの中での一部分の行為をもって、介護給付請求と混合して自費サービスが存在することは認められませんので留意してください。

こんなときどうする？

ケース1　膀胱瘻を装着している利用者さんに入浴介助をしています。入浴後、瘻部を消毒しガーゼをあてテープで留めます。対応してもいいですか？

対応例　認められません。通知では「軽微な切りきず」等の処置およびガーゼ交換は認めていますが、膀胱瘻の処置は軽微なものとは認められず、感染症の危険性などもあることから医療専門職による対応、もしくは家族による対応になります。

ケース2　経管栄養の実施などの身体介護が40分、経管栄養を流している途中に、居室の清掃を20分行い、合計で1時間の訪問になります。訪問介護費の算定はどのようにすればよいのですか？

対応例　全部で1時間の訪問で、うち身体介護40分、生活援助20分になりますので、身体2生活1の算定になります。

Q49 血圧測定と入浴可否の判断は？

このたびの通知において、自動血圧測定器による血圧測定は医療行為ではないとされましたので、訪問介護にて測定することは可能です。しかし、測定した数値に対する判断は場合によっては医療行為となりますので注意してください。例えば、血圧値が収縮期180であった場合、「高血圧ですね」などと病名を告げることは診断行為になりますので行わないでください。

具体的には、血圧により入浴介助の可否を判断する必要があるケースにおいては、利用者の主治医から意見書を取得することになります。その際に、入浴をしてもよい血圧の数値を示していただきます。その範囲内であれば、測定した数値と対比させ、入浴の可否の判断をしても構いません。測定した数値が主治医の範囲内を若干超えているような場合や、血圧は安定しているが不調を訴えているような場合には、基本的には入浴を不可とすべきですが、再度現場での判断を要するような場合には、主治医との連携によって個別に判断していただくことになります。ホームヘルパーがその場で判断することはできません。

こんなときどうする？

ケース ホームヘルパーが血圧を測定したら医師の意見書の範囲内を超えていました。再度利用者さんが自分で測定しなおしたら範囲内に収まりました。入浴の判断はどうしたらいいですか？

対応例 血圧は日内変動もあり、その時の心理状態などによっても変動します。ですから1回の計測で判断をしなくても結構です。このケースのように、自分で計測して範囲内であったなら、本人の体調も確認して入浴してもよいでしょう。あくまでも推測ですが、測る人によっても血圧が変動してしまう場合もあります。ホームヘルパーとの相性が合わずに血圧が上がった、などということも想定されますね。

Q50 床ずれ処置はどこまで可能か？

床ずれの処置は通知の中に「褥創の処置を除く」とありますので、認められないということになります。ただし、臀部などの褥創のガーゼが排泄物で汚染されている場合には、ガーゼ交換は認められます。それ以上の処置を要する場合には、応急手当は制限しませんが、その後速やかに医療職との連携にて適正な処置を対応していただくことになります。

こんなときどうする？

ケース オムツ交換時に便が出ていて、床ずれのガーゼが便で汚染されていました。ガーゼを外したら瘡部に便が付着しています。どうしたらいいですか？

対応例 もちろんガーゼを交換して、便は拭き取るか洗浄してください。消毒は医療行為になりますので、基本的には実施しないことになりますが、きれいな水かぬるま湯で洗浄することで、とりあえずは対応していただくことになります。その後、必要に応じ訪問看護などの医療職の処置を仰ぐことになります。

Q51 家族が行う処置の補助は?

　例えば、家族が処置をしてホームヘルパーが脇に立ってガーゼの用意をするなどでしょうか。医療行為には該当しませんので行為そのものを制限はしません。しかし、これも訪問介護のサービス区分には該当しませんので、その時間に関しては介護給付請求はできません。

こんなときどうする?

ケース　打ち合わせでは処置は家族が行うとしたのですが、実際にサービスが始まると、家族がうまくできないためにホームヘルパーにやってほしいといわれました。どうしたらいいですか?

対応例　できません。できない理由をきちんと、納得できるように説明してください。そして家族の不安を払拭するための対応を検討しましょう。再度訪問看護の方から指導を受ける機会を持つなど、家族が不安なく対応できるようにするところまで調整することが重要です。
　利用者さんや家族からの依頼の中には、制度上できないことも多いと思います。その時の断り方も重要ですね。無下に断れば、それがもとで苦情になったりすることがあります。十分な説明を心がけましょう。

Q52 脱肛の処置、摘便は?

　共に認められません。医療行為に該当します。ただし、訪問時に脱肛していた場合において、医療機関との速やかな連携が不可能な状況においては応急処置のための行為を制限するものではないとされています。しかしながら、ホームヘルパーにまったく知識がない場合には、応急処置であれ対応を積極的に行うことは避けるべきです。
　また、摘便に関しても緊急性がない限りは医療との連携において医療職に実施していただいてください。

こんなときどうする?

ケース　オムツ交換時に常に脱肛している独居の寝たきりの利用者さんがいます。そのつど医療職の対応は難しく、ホームヘルパーが対応せざるを得ません。どうしたらいいですか?

対応例　基本的には医療職による対応が求められます。しかし、このケースのように、ほぼ毎回脱肛しているのであれば、そのつど医療職が対応することには限界があるでしょう。もちろん、在宅で過ごすことを願っているのであれば、そのために施設に入所されることもできません。ですから、利用者さんの希望に沿って在宅療養を継続するための体制を整えることになります。その際に訪問診療や訪問看護は必須です。さらに訪問介護も導入するとき、脱肛の対応を主治医や看護師から直接指導を受けることで、ホームヘルパーによる訪問時の応急処置としての対応が可能となります。ただし、あくまでも応急対応ですので、積極的に対応することではなく、ホームヘルパー1人ひとりがそのことを自覚している必要があります。もちろん、その行為をもって身体介護を算定することもできません。

Q53 市販薬の購入と使用は医療行為か？

　市販薬を購入することは一般消費行為として認められていますので、例えば生活援助において利用者の希望で薬局に行き市販薬を購入すること自体は制限しません。しかしながら、服薬については、利用者は何らかの疾患を有しており、必ず主治医を有していることから、原則としては主治医の処方によって調達されるべきものです。ですから、そのことを利用者に理解していただくことが優先されます。

　さらには、訪問介護において服薬介助を行う際には、医師の処方に基づいた薬剤しか認められませんので留意してください。利用者の判断で購入した薬剤を介助することは不適切です。

　ただし、虫刺され軟膏や保湿クリームなどの日常的に反復して使用されている薬剤や医薬部外品は、その使用に関して医師の処方を受けるまでもないものと判断できます。

こんなときどうする？

ケース1　利用者さんが健康食品を通信販売で購入し薬として摂取しています。そのための介助（準備）をしてほしいと頼まれました。どうしたらいいですか？

対応例　健康食品は薬剤ではありませんので、服薬介助には該当しません。強いていうなら食事介助になります。ただし、健康食品でも処方薬との飲み合わせの問題がある場合があります。主治医と相談したうえで摂取することを勧めましょう。また、健康食品を摂取することで、主治医からの処方を服薬しないなどの場合は、その状況を改善するための支援を行う必要があります。

ケース2　ホームヘルパーは服薬状況や口腔状態について確認をすることになっていますが、どのように行えばよいですか？

対応例　このことは平成30年の改定にて追加されたことです。ホームヘルパーは訪問時に利用者の服薬状況や口腔状態について確認を行い、異変が認められた場合、その情報をサービス提供責任者に報告し、サービス提供責任者は必要に応じてケアマネジャーに報告することが基準にて義務化されました。では実際にはどのようにして行うかについてですが、例えば掃除の支援で訪問した際に、利用者に「口を開けて下さい！」とはいいにくいと思います。そういう方法ではなく、会話の際に口臭が気になる、入れ歯が外れかけている、または入れ歯が外しっぱなしになっている、服薬に関しては、掃除の際に錠剤が落ちていた、お薬カレンダーに過去の薬が飲まれずに入ったままになっている、利用者が薬は飲まなくていいなどといっている、などに気づき、情報として報告することが求められています。そのためには、ホームヘルパーの日頃からの意識が重要になりますので、事業所内で何かにつけてホームヘルパーへの意識づけを繰り返し伝えてください。

Q54 薬の分包は医療行為か？

　通知では服薬の介助が認められるのは「一包化された薬剤」とされていますので、一包化する過程（分包行為）は薬剤師などの専門職によって行われるべき行為と判断できます。

なお、処方された薬剤が薬局からいくつかの薬袋に分けられて渡された場合に、それらを処方どおりに、そのつど袋から取り出して利用者に渡す行為は、服薬介助として認められます。しかし、それらをすべて取り出し、別の薬ケースに移し変えるとか、小袋に一包化するなどの行為は「分包行為」に該当しますので認められません。

こんなときどうする？

ケース 服薬カレンダーのポケットに、分包されていない薬を分けて入れるよう頼まれました。どうしたらいいですか？

対応例 基本的には分包行為になりますので医療職もしくは家族が行うべきです。あらかじめ薬局で分包された薬剤を、小袋のまま服薬カレンダーのポケットに入れることはホームヘルパーによる対応でも可能です。

Q55　巻き爪の爪切りは？

　いわゆる「巻き爪」とみなされる場合は認められません。爪切りに関しては通知の通り、爪そのものに異常がない場合に限定されていますので、巻き爪や白癬菌にて白濁・隆起があるような爪は対応できないことになります。医療職との連携にて対応してください。

こんなときどうする？

ケース 白癬菌はないのですが、利用者の希望で、通常の爪切りではなく、ニッパー型爪切りで切ってほしいと頼まれました。どうしたらいいですか？

対応例 爪切りの道具の制限はありませんので、ニッパー型爪切りをもって切ること自体は制限しません。もちろん爪そのものに異常がないことが条件です。しかし、ニッパー型爪切りは通常の爪切りとは異なり、ある程度の技術や慣れが必要ですので、初めてのホームヘルパーによる対応はやめた方がよいかもしれません。

Q56　インスリンの自己注射の介助（注射器の単位数を設定するなど）は可能か？

　認められません。インスリン注射のための単位数の設定は医師の指示に基づく訓練・指導を受けた本人・家族、あるいは医療職による対応に限定されます。

こんなときどうする？

ケース1 インスリンの単位設定が本人では不安があるため、ホームヘルパーに見守っていてほしいと頼まれました。どうしたらいいですか？

対応例 本人が自分で設定した単位数をホームヘルパーが目視で確認することは構いませんが、ホームヘルパーが単位設定を行うことはできません。インスリンの単位設定は医師の指示に基づく専門的な行為です。よって設定できるのは本人・家族・医療職のみです。日常的に実施しなければならないインスリン注射なので、日々関わることが多いホームヘルパーが対応できれば早いのですが、残念ながらできません。

Q57 服薬介助についての範囲はどこまで？　（一包化されていない薬の服薬介助、ラキソベロンの滴数調整、点眼薬、点鼻薬の滴数調整…）

　通知にて認められているものは、医師の処方・薬剤師の指導・看護職などの助言に基づいたうえでなされる、皮膚への軟膏の塗布（褥創の処置は除く）、皮膚への湿布の貼り付け、点眼薬、薬局等によって一包化された内用薬の内服、肛門からの坐薬挿入、鼻腔粘膜への薬剤噴霧を介助することです。

　ご質問の例にあります、一包化されていない薬剤に関しては、薬局から渡された薬袋に、当該薬品の服用方法・量などが記載されている状態であれば、一包化されていなくても、そのつど処方どおりに薬剤を袋から取り出し、ＰＴＰシートから錠剤を出して、利用者に手渡すことを制限するものではありません。また、ラキソベロンの滴数は、処方通りに介助することは認められます。点眼も滴数に関し指示があれば、それに従い介助することは認められます。

　しかし、これらの行為は訪問介護において積極的に対応するべきものとは言いがたいため、優先順位としては、本人が可能であれば本人による行為を、家族が可能であれば家族による対応を優先するべきです。

> **こんなときどうする？**

ケース　慢性的な便秘でラキソベロンを使用しています。ここ３日お通じがないとのことで、滴数を増やしたいといっています。どうしたらいいですか？
対応例　医師の処方において調整が認められているのであれば可能です。ただし、処方箋の範囲内での調整に限ります。さらには、その範囲内で何滴にするのかは本人もしくは家族の判断によります。

身体介護に関して

Q58 ２人体制の算定用件を具体的に知りたい。　（ベッド上の清拭において行っているが…）

　身体介護または生活援助の算定に関しては、厚生労働大臣が定める用件に該当する場合において、利用者または家族の同意をもって２人のホームヘルパーの訪問を認め、100分の200の算定ができます。厚生労働大臣が認める場合とは、

　イ．利用者の身体的理由により１人の訪問介護員等による介護が困難と認められる場合

　ロ．暴力行為、著しい迷惑行為、器物破損行為等が認められる場合

　ハ．その他利用者の状況等から判断して、イ又はロに準ずると認められる場合
です。

　このうち、イの具体例ですが、

　・体重が重いために１人での移動介助や体位変換等が困難である場合

- 医療器具を装着しているため器具に注意を払いながら行う必要があって１人では介助が困難な場合
- サービスを実施する間にわたり体位の保持が必要であるため１人では対応できない場合

などが考えられます。もちろん、家族の支援が可能である場合には、そちらが優先されますので留意してください。なお、算定に当たっては利用者または家族の同意が必要です。

ご質問のベッド上の清拭の場合ですが、身体的に上記の状態に該当すれば２人体制での算定が可能です。しかし、効率がよいからとか、２人のほうが早いから、楽だからといった理由であれば算定の対象にはなりませんので留意してください。

また、深夜の訪問に際し、治安上の理由から２人体制での訪問が行われることがありますが、そのことをもって直ちに100分の200を算定することはできません。この場合には、利用者または家族の同意を得られれば算定が可能ですが、連続して数件訪問する場合、すべての利用者または家族の同意を得られなければ、全ての訪問に対して100分の200を算定することはできません。自己負担にも関わることですので、十分な説明と同意を得てください。

こんなときどうする？

ケース レスピレーター（人工呼吸器）を装着しており、体位変換時に気管カニューレの装着部からホースが外れてしまうため、２人で訪問し１人のホームヘルパーが外れないように押さえておくことは算定要件に該当しますか？

対応例 通知では、「医療器具を装着しているため器具に注意を払いながら行う必要があって１人では介助が困難な場合」とありますので、認められると解釈できますが、その介助が必要な場面が訪問中にどれくらいあるのかも検討しなければなりません。例えば、このケースのように体位変換時のみ誰かがレスピレーターの酸素吸入ホースを押さえておくことで事足りるのであれば、そのために１時間の訪問すべてを２人で訪問する必要はないと判断できます。仮に１時間の訪問で清拭や排泄を介助するとして、その手順は事前に訪問介護計画書で定めることになります。基本的にはその日によって手順を変えるということはないと思います。ですから、１時間の訪問中、体位変換を要するのがサービス開始から30分後であれば、その時間帯にもう１人いればよいことになります。それを誰が対応するかを次に検討します。それだけの行為であれば、優先順位は家族でしょう。でも、独居や家族が不在なのであれば、それ以外の誰かが対応することになります。アセスメントの結果、それがホームヘルパーであると判断したならば、１時間を２人体制にするのではなく、もう１人は「身体介護０」でその時間に合わせて訪問することが適正といえるでしょう。

Q59 話し相手は身体か？　（自立支援見守りか？）

訪問介護のサービス区分（老計10号）には相談援助というのがありますが、コードは「０コード」が含まれています。これは、単独で実施しても介護報酬の対象にはならないものです。話し相手などの相談援助行為は、身体介護や生活援助をしながら行うものです。

相談援助とは、単なる世間話ではありません。利用者の悩みや訴えに耳を傾けることや、生活意欲

を向上させるための促しや励まし、そして具体的な問題に対して助言を行うことなどです。ですから、ある程度の専門技術がないと対応できません。ホームヘルパーは介護の専門職です。あるいは対人援助職です。当然に相談援助の技術を有していなければならないことになります。

訪問介護のサービス形態として、例えば1時間話し相手だけ行った場合、介護報酬では算定できません。必ず身体介護か生活援助のサービス区分（「0コード」以外）に該当する行為をしなければなりません。ですから、ご質問のような場合にはなんら算定はできないということになります。自立支援見守りとは、利用者が主体となって生活行為を行うことが必要です。それを訪問介護員が行為を遂行させるために支援したり、危険回避のために見守るという形態です。ですから、ただ椅子に座って会話を行うことをもって自立支援見守りにはなりませんので留意してください。

こんなときどうする？

ケース 生活援助で訪問している利用者さんが、今日は何もしなくていいからホームヘルパーとお茶を飲みながら会話をしたいといっています。どうしたらいいですか？

対応例 「だめです。」というか、その行為を持って介護報酬に請求することはできません。ホームヘルパーが訪問先でお茶を飲むことの是非は、基準上のことではなく、倫理や接遇上のこととして制限するべきというのが通説ですが、場合によっては利用者さんとのラポール（信頼関係）を形成する上で重要な意味を持つこともあります。ですから、その行為をいたずらに制限することは、効果的なサービス提供という観点からは必ずしも正しいとはいい切れないと考えます。

ただし、訪問介護費を算定するためには、お茶を飲みながらコミュニケーションをとる行為だけでは認められません。やはり訪問介護サービス区分の「0コード」以外に該当することが必要です。さらには、1時間の訪問中に行うべきサービスがケアプランおよび訪問介護計画書に策定されますので、それを実行しないでホームヘルパーの判断で他のことをすることは基本的には認められません。ですから、このケースのように、利用者さんからお茶飲みを誘われても、「サービスが終わってからにしましょうね」などといった返答をすることになるでしょう。それでも結論が出なければ、「上司の判断が必要なので…」といって事務所に電話をするなどの対応が望まれます。

Q60 自立支援見守りの算定にはどの程度の利用者の行為（参加）が必要か？

基本的には利用者が主体となって行うことが求められます。一律に量を示すことは難しいですが、その行為の中心的な部分に関しては自ら行う程度の参加は必要かもしれません。

例えば、調理を一緒に行う場合、利用者ができることは玉ねぎの皮をむくことぐらいで、あとの刻みから煮炊き、盛り付けまでホームヘルパーが行う場合には「生活援助」と判断されます。

自立支援見守りとして該当する場合とは、調理でいえば利用者が刻みや煮炊き味付けを行い、ホームヘルパーは、鍋を運ぶ、食器を棚から取り出す、配膳するといった周辺行為の支援程度であれば該当するといえます。

ただし、この場合にも計画に基づいて実施されることが重要ですので、結果で判断することは好ま

しくありません。ですから、どれくらいの利用者の参加が可能なのかを事前にアセスメントして判断する必要があります。そして計画通りに実施できなければ、「自立支援見守り（身体介護）」から「生活援助」に計画を見直すことも必要でしょう。

こんなときどうする?

ケース 自立支援の目的で調理を支援しています。いままでは生活援助で対応してきましたが、自立してきたため利用者さんを介助しながら台所で一緒に調理をするようになりました。身体介護に移行する説明をしたら、自己負担が高くなることで難色を示しています。どうしたらいいですか?

対応例 サービスは本人の希望も重要ですが、専門職のアセスメントによって導き出されたニーズを解決するために用いられるものです。それを利用者さんの同意を得たうえで実施することになります。まず、このプロセスをサービス導入時に理解していただいていたかが重要になります。このことで、単に「儲け」のために単価が高いサービスを勧めるのではないということを理解していただきます。

このケースの場合、基本的な考え方は利用者さんと一致しているようですので、単に自己負担の金額の問題なのでしょう。このような場面はよく見受けられるものです。肝心なことは、それだけの効果をもたらすための技術を評価した結果としての国（厚生労働省）が決めた介護報酬であるということを分かりやすく説明する技術が重要となります。

若干の金額の負担が増えることと、そのサービスを利用することによってもたらされるであろう希望する自立の効果との比較、すなわち「費用対効果」を上手に利用者さんに説明し納得させることができれば、きっとこのようなトラブルは減少していくものと思われます。そして今後は調理に関するサービスが終了できる可能性があれば、そのことも説明しましょう。

Q61 **自立支援見守りの家事は、家族の分の対応も可能か？（例えば、主婦としての役割を取り戻すための調理動作を支援するためには、家族の食事を作ることになるが可能か？）**

　まず、自立支援見守りに該当するためには要件を満たす必要があります。そのうえで調理を行う際には、基本的には生活援助での調理の範囲が前提となります。ですから、利用者が自ら食するための調理ということになります。

　ご質問のように、その目的が自分で食べる食事の調理ではなく、主婦としての役割を取り戻すためのトレーニングであるならば、とりあえずは訪問介護サービスにおいて自分のための調理ができるように目標を定め取り組んでいただきましょう。そのための利用者中心の調理であれば自立支援見守り（身体介護）で対応可能です。

　その後、主婦として調理を行うのであれば、家族の分まで作る必要があります。それだけの量の調理が可能となるだけの自立が必要になります。そのために何らかの支援が必要であれば、介護保険とは別のサービスを調整していただくことになります。ただし、本人が中心となって調理した場合に、結果的に量が多くなってしまったものに関しては制限ができないと思います。その場合にも、あくまでも計画上の目的は本人が食するための調理であることが必要です。できたものを、サービス終了後に誰が食べたかまでは管理できないでしょう。

くれぐれも、家族の都合や家族からの要求で、家族の分の調理を確保するような援助がないようにしてください。あるいは、結局はホームヘルパーがほとんどの調理を行って家族の食事を作ったなどという事態も避けなければなりません。

こんなときどうする？

ケース 煮物などは少量作るよりも多めに作った方が美味しくできます。結果、家族も食べることになりますが、どうしたらいいですか？

対応例 上記しましたように、生活援助はあくまでも利用者本人に対する援助のみです。目的が確認されていれば、調理の際の作る量は制限しません。例えば、日持ちするメニューであれば、たくさん作って保存することも考えられます。1回の訪問で3食分作ることもあるでしょう。このケースのように、煮物などは確かに多めに作った方が美味しくできます。それ自体は問題ありません。多く作った煮物を鍋の中に入れたままホームヘルパーは帰ることになるでしょう。その後、例えば家族が食べたとしても、私たちはそれを制限できません。肝心なことは、サービスの目的が利用者本人のためであるということが確認できていれば十分です。

Q62 長時間の身体介護9の算定内容について （ケースで示してほしい）

身体介護には生活援助のように提供時間の上限の制限がありません。ですから、必要性がきちんとアセスメントされていれば算定も可能です。長時間の身体介護は、「身体介護9」での算定が最長ですが、身体介護9は上限がいくらでも加算できてしまいます。ですから、むしろしっかりとした根拠を持って理由付けしなければなりません。

しかし一方で、介護給付請求に対し審査する保険者は、そう簡単には給付を認めないでしょう。ですから、保険者を納得させられるだけの理由と根拠が求められます。そして実際には、算定する時間帯に関しては、常に身体介護のサービス区分に該当する行為が実施され続けていなければならないことになりますので、現実的にはあまりなじめないということがいえるかもしれません。

具体的な例示をするなら、重篤な状況で一時も目が離せない方に対し、家族が不在になる時間帯に付き添い、身体の安寧を図るための体位変換や排泄介助、発汗時の衣類交換、水分補給、栄養補給などを交互に行う必要がある場合とか、あるいは、認知症が進行しており徘徊や不穏行為などの周辺症状（BPSD）が頻回に発生している方に対し、家族が不在時に訪問し、見守りや危険回避などを常に行わなければならない場合などが想定されます。

しかしながら、このようなケースであっても優先順位としては通所サービスや短期入所を調整することが望まれるため、それらの活用が難しいと判断された場合に訪問介護の対応が可能となります。そして、できるだけ事前に計画書を保険者に提出し、個別の承諾を得ておくほうがよいでしょう。

こんなときどうする？

ケース ALS（筋萎縮性側索硬化症）の利用者さんで、家族が不在時に見守りで4時間の訪問を頼まれました。支援内容は、必要時に痰の吸引のみで、あとはそばにいればいいとのことです。どうしたらいいですか？

対応例 たとえ対応したとしても、そのすべてを訪問介護費として請求することは好ましくありませ

ん。4時間の滞在時間の中で、どれ位訪問介護サービス区分に該当するサービスがあったかで算定することになります。もっといえば、結果ではなく、あらかじめ計画された内容において、どの位訪問介護費算定に値するサービスが必要になるかを根拠に算定することになります。その内容は、連続するものである必要はなく、4時間の訪問の中で、10分間ずつのオムツ交換が3回あった場合、合計30分の身体介護1で算定することになります。その他の3時間半は、自費で請求することになるでしょう。

しかし、ケアプランなどの計画上は、同じホームヘルパーが対応するとしても、30分の訪問介護費に該当する部分と、それ以外の自費の部分との目的の区別を明確にしておくことが求められます。

実際には一連のサービスという扱いになるでしょうから、その場合にはすべて自費サービスとすることが妥当です。

訪問介護とリハビリテーションとの関係に関して

Q63 訪問介護のリハビリはどこまで可能か？

介護保険での訪問介護には、サービス区分に「リハビリ」という記載はありませんので、一切認められません。しかしながら、今日のリハビリテーションの考え方は、急性期・回復期・維持期リハビリテーションのそれぞれの役割の重要性が唱えられており、特に維持期リハビリテーションに関しては、訪問介護などの介護職の関わりが重要であるとされています。

このことを受け、今日では研修等でも居宅で行う維持期リハビリテーションにホームヘルパーが関わることの重要性を唱えています。ただし、ここでいうリハビリテーションとは広義の意味でのものであり、理学療法士などが行う医療行為としての他動運動的なリハビリを指すものではありません。

そもそも、維持期リハビリテーションとは、自動運動的に自身で行っていただくものであって、それも日常生活において体を動かすことで得られる効果を指しています。そこにホームヘルパーが関わることで、「促し・励まし・見守り」を行い、より効果的に機能が維持向上されることを目指したものです。

具体的には、訪問介護サービス区分に該当する行為でなければなりませんので、「自立生活支援のための見守り的援助（以下、自立支援見守り）」が該当することになります。自立支援見守りとは、ADL向上の観点から安全を確保しつつ常時介助できる状態で行う見守りであって、おもに家庭内での日常生活に関する行為が該当します。これらの行為を利用者が主体となって行っていただくことで、結果的には維持期リハビリテーションで謳われている効果をもたらすことになります。

ですから、訪問介護サービスの提供に当たっては、その目的はあくまでも日常生活行為への支援でなければなりません。それらの目的がない行為（例えば、単なる歩行練習とか、体操の見守りなど）は認められませんので注意してください。

繰り返しますが、訪問介護サービスは「医学的リハビリテーション」を目的とすることはできません。あくまでも効果としては重要性を認めますが、リハビリと称した行為が訪問介護サービスとして

提供されることがないように重ねて留意してください。

こんなときどうする？

ケース 通所リハビリテーションで自宅での体操プログラムを渡されてきました。1人では不安なのでホームヘルパーと一緒にやってくださいとのことです。どうしたらいいですか？

対応例 その体操プログラムの内容にもよりますが、おそらくは訪問介護で対応することは困難でしょう。例えば、椅子に座って上肢や下肢を動かす体操を、ホームヘルパーが利用者の手や足を持って補助するなどは医療行為とみなされ、認められません。また、手や足を持つことを要しなくても、ホームヘルパーが一緒に体操をすることや、利用者が体操をするのを傍で見守るなどの場合も訪問介護費の算定は認められません。可能性としては、生活場面（着替えや入浴時の洗体など）で動作を自分で行うよう、腕や足を動かすことを声かけで促すことが、効果としてプログラムの動作に合致する場合などです。

Q64 難病者のオムツ交換前の拘縮緩和などの運動は？

　直後にオムツ交換を円滑に行うという目的があって、利用者本人が自動運動的に行うのを見守り・声掛けなどで支援するのであれば問題ありません。しかし、おそらくそのような状態の方であれば、他動運動的に他人が動かす必要があるでしょう。それをホームヘルパーが行うことは適切ではありません。

　医学的にみても、関節可動域などの知識を持たずに行うことは「誤用症候群」を引き起こす恐れもありますので、やめるべきです。

こんなときどうする？

ケース オムツ交換時に股関節の拘縮があり、かなり力を入れて開脚しないと交換できません。どうしたらいいですか？

対応例 この行為をもって「他動運動だからしてはならない」と判断するのは制限しすぎと考えられます。おそらくたくさんいらっしゃるであろう股関節拘縮の方のオムツ交換に介護職は手が出せなくなってしまいます。オムツ交換を完了させるための必要な援助として行っていただくことになります。ただし、力の入れ具合には十分に配慮してください。実際にオムツ交換中に股関節を骨折させてしまった事例もあるようです。ですから、このようなケースを対応する場合には、事前に主治医や理学療法士などの専門職の意見を確認し、方法において助言をいただくなどの準備が必要と思われます。

Q65 食事前の嚥下体操は？

　これも同様に、本人が自ら行うのであれば問題はありません。ホームヘルパーが食事介助の前に見守り、声掛けなどで支援することは可能です。ただし、利用者自らが行う場合であっても、「嚥下体操」として行うのであれば、医師や言語聴覚士などの指示を受けて行うべきです。

ケース 通所リハビリテーションで自宅での口腔体操プログラムを渡されました。ホームヘルパーさんと一緒に食事の前に実施してくださいとのことです。どうしたらいいですか？

対応例 そのプログラムの内容にもよりますが、やはり他動的に行うものであれば認められません。そうではなく、食事の前に本人が行うのを声かけをしながら見守るのであれば、サービス中にそのための時間を数分間とってもよいと思われます。そのことによってその後に行う食事介助が安全に行えるのであれば、むしろ効果的な行為と判断できます。ただし、その体操を10分とか20分にわたって行うとなると、訪問介護費の算定時間からそのための時間を除くことが適切でしょう。

第 5 章

事例で見る自立支援のための訪問介護の提供について（ケアプランと訪問介護計画の記載例）

　この章では、今まで述べてきた訪問介護のポイントの中でもトピック的に理解しておく必要がある3つの項目（生活機能向上連携加算、自立支援見守り、頻回な生活援助）を、2つの事例として取り上げてみます。

　事例に使用した帳票類としては、事例フェイスシート、ケアプラン1、2、3表、訪問介護計画書を掲載しました。訪問介護計画書に関しては、任意様式ですが1表のみの掲載になっています。本来ですと、ホームヘルパーの皆さんが手順を統一させるための「手順書（個別マニュアル）」も掲載すべきところですが、今回は割愛しました。実際には、ホームヘルパーによる手順のばらつきがないように、訪問時間内の作業手順を分単位でマニュアル化することをお勧めします。箇条書きでも構いません。どのホームヘルパーが支援を行っても、決まった手順で決まった時間で終了するよう、時間の流れに沿った個別の手順書が必要になるかと思います。

　なお、掲載したケアプランと訪問介護計画書は共に参考様式のため本人の同意欄がありません。実際には同意欄（同意日、署名欄）が必要ですので注意してください。

第1節　生活機能向上連携加算を活用した自立支援見守りの事例

　事例の1つ目は、**自立支援見守りの算定事例**です。自立支援見守りは身体介護での算定になりますので、支援の必要性と期待される身体機能上の効果が、本人をはじめ支援者全体で共有されていることが重要になります。そのためには事前に多職種の意見を求め、支援による効果の可能性を見極めておく必要があります。そして何より、本人が「また自分で行いたい」という意欲を保持しているかにかかってきます。

　本事例では、すでにサービス担当者会議において、本人の意向の確認と支援により期待できる効果が共有された後の設定で記載してあります。ポイントは、変形性関節症を患っているため、決して無理はできない中で、せめて調理だけでも自分で行いたいという意向があり、調理に関しては自立支援見守りでの設定にしてある点です。できれば家事全般を自分で行いたいところですが、無理は避ける必要があり、掃除や洗濯の干し取り込みは生活援助での支援になっています。しかし、まったくの全介助ではなく、訪問時間以外でも体調を見ながら少しでも掃除や洗濯の行為を行うよう配慮しています。

　ケアプランと訪問介護計画書は連動性が欠かせません。大枠でのケアプランに沿った詳細なサービス計画書という関係性にも着眼してください。ケアプランの短期目標（このケースにおいては3か月に設定）を訪問介護計画では更に1か月単位で詳細に設定しています。この後、モニタリングで実際の達成状況を確認していくことになります。

事例フェイスシート

事例内容：自立支援見守りの訪問介護サービス算定事例

本人基本情報

Aさん　80歳　女性　　要介護2

家族構成	独居
住環境	持ち家一戸建て築40年
経済状況	遺族年金月15万円
性格	穏やかだが頑張り屋さん
生活歴・職業歴	専業主婦
趣味・嗜好	家庭菜園や手芸、裁縫など

家族状況

夫は10年前に他界。子供（3人）は他県で所帯を持って生活している。キーパーソンは東京にいる長男で、電話連絡はいつでも可能な状態。長男をはじめ子供たちの帰省は年に2回程度。

望む生活像

1人での生活には不安もありますが、長年住んでいたこの家には思い出もたくさんあり、この家でこれからも生活を続けていきたいです。

本人の状況

健康状態	変形性膝関節症、変形性股関節症、高血圧
受診／服薬／処置	月1回の定期受診は、通院等乗降介助にて対応。服薬は自己管理だが、訪問介護でも確認している。
心身機能・身体構造	変形性関節症により歩行や起居動作に制限がある。通所リハビリテーションにてリハビリを行っている。
活動状況	家事動作や外出時に制限があるが、本人の希望としては、できる限り今までのように自分でできることは行っていきたいと考えている。
参加状況	近隣の主婦仲間で時々Aさん宅でお茶飲み会を行っている。
環境因子	昔ながらの付き合いがある住宅地。周囲は平地で移動に支障はない。

サービスの利用状況：通所リハビリテーション週2回、訪問介護週3回、通院等乗降介助月1回

第1表

居宅サービス計画書（1）

作成年月日　○○年　○月　○日

初回 ・ 紹介 ・ 継続　　　　認定済 ・ 申請中

利用者名　A　　殿　　生年月日　昭和○○年　○月　○日　　住所　○○市

居宅サービス計画作成者氏名　○○　○○

居宅介護支援事業者・事業所名及び所在地　○○市

居宅サービス計画作成（変更）日　○○年　○月　○日　　初回居宅サービス計画作成日　○○年　○月　○日

認定日　○○年　○月　○日　　認定の有効期間　○○月　○日　～○○年　○月　○日

要介護状態区分	要介護 1 ・ 要介護 2 ・ 要介護 3 ・ 要介護 4 ・ 要介護 5
利用者及び家族の生活に対する意向を踏まえた課題分析の結果	ご本人：1人での生活には不安もありますが、この家は主人や子供たちとの思い出が詰まった場所です。ですからこれからもこの家での生活を続けられることを願っています。できるかぎり、今までのように家のこと（家事）をしていきたいです。 ご家族（長男）：私たち兄弟は遠方で心配もありますが、母の思いを大切にしてあげたいです。何かあればすぐに駆け付けます。でも、日常的なことは皆さんの助けを借りながら、生活が送れることを希望します。
介護認定審査会の意見及びサービスの種類の指定	（主治医意見書にリハビリテーション継続の意見有り）
総合的な援助の方針	ご本人の希望に沿って、ご自宅での生活が安心して続けられますよう支援いたします。家事などはなるべくご自分でなさりたいとの意向がありますので、不自由な部分を支援しながら、毎日の生活において過度の負担がないように活動できるようにしましょう。家事の実施に際しては主治医からもリハビリテーションの指示がありますので、通ってのリハビリテーションにおいて家事動作を目的に練習し、できるようになった動作を自宅で取り入れられるように調整していきます。　　長男Cさん000-0000-0000
生活援助中心型の算定理由	1．一人暮らし　　2．家族等が障害、疾病等　　3．その他（　　　　　　　　）

居宅サービス計画書（2）

第2表

生活全般の解決すべき課題（ニーズ）	長期目標	（期間）	短期目標	（期間）	サービス内容	※1	サービス種別	※2	頻度	期間
家事が自分で行えるようにしたい。	自分でできる家事が増え、生活に自信が持てる。	○○年○月～○○年○月	台所に立って調理ができる。	○○年○月～○○年○月　3か月	通所リハビリでの調理動作を目的とした訓練	○	通所リハビリ	○○デイケア	週2回	○○年○月～○○年○月
					リハビリ職との連携による獲得動作の共有	○	生活機能向上連携	○○デイケア ○○訪問介護	随時	○○年○月～○○年○月
					訪問介護によるAさん主体の調理支援	○	Aさんによる調理（自立支援見守り） 訪問介護	○○訪問介護	週3回 2時間	○○年○月～○○年○月
			掃除や洗濯の干し取り込みが部分的にでも自分でできるようになる。	○○年○月～○○年○月　3か月	通所リハビリでの掃除・洗濯動作を目的とした訓練	○	通所リハビリ	○○デイケア	週2回	○○年○月～○○年○月
					リハビリ職との連携による獲得動作の共有	○	生活機能向上連携	○○デイケア ○○訪問介護	随時	○○年○月～○○年○月
					訪問介護によるAさんと一緒に行う掃除や洗濯の支援	○	訪問介護（※当面は生活援助（※当面は生活援助。動作の状況に応じ身体介護に移行検討）	○○訪問介護	週3回 2時間	○○年○月～○○年○月
					生活の中で自分でできることは行っていく		Aさんも可能な範囲で日常的に行う			
定期受診や服薬を守り、病気の進行をできるだけ抑えたい。	病気の進行を抑え、自宅での家事動作などが円滑に行える。	○○年○月～○○年○月	定期受診が負担なく行える。	○○年○月～○○年○月	定期受診の手段を確保し定期受診を行う	○	訪問介護（通院等乗降介助）	○○介護タクシー	月1回	○○年○月～○○年○月
			薬をきちんと飲み、病気の進行をなるべく抑えられる。	○○年○月～○○年○月	薬の管理		Aさんの自己管理			○○年○月～○○年○月
					服薬の確認（声掛け）	○	訪問介護による声掛け確認	○○訪問介護	サービス提供の都度	○○年○月～○○年○月
						○	通所リハビリによる服薬確認	○○デイケア		
近所の友人との交流を継続したい。	友人との交流など、今までの生活を継続できる。	○○年○月～○○年○月	友人と一緒にお茶や食事の準備を行う。	○○年○月～○○年○月	近所の友人との交流、お茶会、昼食会		本人と近所の友人		週2回	○○年○月～○○年○月

（※第2表2枚目は省略）

150

週間サービス計画表

作成年月日　　　年　　　月　　　日

		月	火	水	木	金	土	日	主な日常生活上の活動
深夜	4:00								
深夜	2:00								就寝
深夜	24:00								入浴（シャワー浴）
夜間	22:00								テレビを見て過ごす
夜間	20:00								夕食
夜間	18:00								戸締りなど
午後	16:00								可能な範囲で家事を行う
午後	14:00								休憩（午睡1時間）
午後	12:00	訪問介護 生活援助、身体介護	近所の友人と一緒に食事を作る	訪問介護 生活援助、身体介護	近所の友人と一緒に食事を作る	訪問介護 生活援助、身体介護		昼食
午前	10:00	通所リハビリテーション（入浴含む）			通所リハビリテーション（入浴含む）			調理や掃除などの家事
早朝	8:00								通所の準備（月、木）
早朝	6:00								起床　身支度、朝食（パンなど）

民間配食サービス

週単位以外のサービス	通院等乗降介助（月1回）、生協による食材などの宅配（月2回）

作成日	令和〇〇年　〇月　〇日　（〇曜）	作成者	〇〇〇〇	管理者	〇〇〇〇

訪問介護計画書　[初回]　・　更新（　　　回）

ご利用者	A　様		生年月日	T・[S]・H　〇年　〇月　〇日　（80歳）

住　　所	〇〇市	電話 FAX メール

介護認定	要介護（　　2　　）　有効期間：令和　〇〇年　〇月　〇日　～　令和〇〇年　〇月　〇日

担当 ケアマネジャー	居宅介護支援事業所： 担当者名： 携帯電話：	電話 FAX メール

提供 サービス	■ 身体介護　[食事・排泄（トイレ・Pトイレ・尿器・便器・オムツ）・入浴・清拭・更衣・移乗・移動・服薬・口腔・整容・[自立支援見守り]（調理）・その他（　　　　　　　）] ■ 生活援助　[掃除・洗濯・調理・買い物・整理整頓・ベッドメイク・その他（　　　）] ■ 生活機能向上連携加算（連携先：〇〇通所リハビリテーション　理学療法士〇〇さん、立位時や歩行時の安全確保と負担軽減、時間配分などの指示あり。サービス内容に反映済み）

訪問頻度	毎日・週　3　回（　月・[火]・水・木・[金]・土・[日]）／　指定日（　　　　　　　　） 訪問時間　[　10：00から12：00（2時間）　　　　　　　　　　　　　　]

身体状況	現疾患名（　変形性膝関節症、変形性股関節症、高血圧　） 主治医　（　〇〇病院　〇〇先生　） 受診頻度（　月1回、通院等乗降介助、他事業所利用　） 服薬状況（　炎症鎮痛剤（頓服）、降圧剤（朝夕1錠）、自己管理にて服用、確認の支援を要する　） ADL状況：歩行や立ち上がり、立位保持に支援が必要。長時間の立位や外出時歩行が困難。

支援の留意点 予測される リスク	室内移動時の段差等での転倒、長時間立位保持の疲労や疼痛に注意。なるべくいすなどを活用すること。本人の疲労の訴えや、支援者からの観察などで、過重な負担を回避するよう配慮する。 塩分やコレステロールの過剰摂取による血圧の上昇に注意。調理の際には食材や味加減に配慮する。 その他、服薬状況、口腔状態は自己管理が基本であるが、訪問時に留意のこと。

目標とする 生　活	長期目標 住み慣れた自宅での生活が安心して継続できる。	短期目標 調理や掃除などの家事がなるべく自分で行えるようになる。

ニーズ	期待できる効果とサービス内容	達成期間
調理を自分で行いたい。	リハビリテーションの効果を日常生活で活用できるよう、生活機能向上連携を行い、調理動作に活用する。3か月後には当ニーズに対する支援終了を目指す。理学療法士からの指示として、徐々に立位時間を延ばすようにとのこと（計画に反映済み）。 　1か月目：キッチンで立位が30分可能になる（椅子も併用する。以下同様）。食材の刻み、盛り付けは本人が行う。煮炊きは危険回避のためホームヘルパーが中心に行う。 　2か月目：キッチンでの立位が1時間可能になる。調理動作のほとんどが本人主体で行える。 　3か月目：調理の準備や下ごしらえ、配膳下膳まで本人主体で行える。配膳下膳時はワゴンを利用する。ナベなどの重いものは支援にて対応する。	令和〇〇年〇〇月（3か月）
掃除や洗濯などもなるべく自分で行いたい。	調理同様、リハビリテーションによって生活動作を向上したいが、動きが多い掃除や洗濯の干し取り込みには時間を要する見込み。無理をせず、生活援助で支援しながら、可能な範囲での実施を目指しましょう。3か月終了後に支援方法について再検討予定。 　1か月目：生活援助で掃除、洗濯の支援を行い、本人は今までの方法をホームヘルパーに伝えながら可能な範囲で行う。 　2か月目：引き続き生活援助で支援を行うが、簡単な整理整頓や洗濯物のたたみなどは本人が体調をみて自分の時間で行うようにする。 　3か月目：洗濯に関して自立支援見守りへの検討を行う。無理せずに、生活援助での継続も想定しておく。掃除は引き続き生活援助で支援していく。	令和〇〇年〇〇月（3か月）

第2節　生活援助の頻回訪問の事例

　2つ目の事例は、頻回な生活援助の算定事例です。平成30年10月から、基準を超える生活援助を提供する場合、事前に保険者にケアプランを提出することになりましたが、必要性の根拠が明記されていれば心配はいりません。

　必要性の根拠とは、健康的な生活の確保や疾患の改善、身体機能の維持向上、あるいは本人の生活意欲の向上を図り社会参加などにつなげるための支援であることです。更には、生活援助に代わる支援も検討し、目標を達成するためには生活援助による、すなわちホームヘルパーによる専門的な支援でなければならないことも検討されていることが必要です。

　これらの要件を満たしていれば胸を張ってケアプランを提出すればよいのです。もちろん、ケアプランにそのような記載があるだけでは不十分で、訪問介護計画にも更に詳細は算定理由が明記されていくことが必要です。そして関わるホームヘルパーのすべてが疑問を持つことなく、自立支援として提供できることが重要になります。

　この事例は独居の男性高齢者です。生活習慣的に調理をしたことがほとんどなく、妻が入所したことで栄養状態が悪化し、もともとの疾患が加わって脳梗塞を発症したケースです。医師からは再発の危険性を指摘され、今後の食事管理が重要になっています。食事の支援は配食サービスなど様々ですが、単に食事を用意するにとどまらず、管理栄養士との連携を十分に図る必要があること、食事を楽しみながらも栄養改善が図れること、ホームヘルパーとの交流（相談援助）によって生活に彩りがもたらされることなど、訪問介護による支援の妥当性をもしっかりと検討した上で導入されています。

事例フェイスシート

事例内容：頻回訪問の訪問介護・生活援助サービス算定事例

本人基本情報

Bさん　80歳　男性　要介護1

家族構成	独居
住環境	持ち家一戸建て築20年
経済状況	厚生年金月20万円
性格	柔和だが頑固な一面あり
生活歴・職業歴	元銀行員（定年まで勤務）、定年時は支店長として勤務していた。
趣味・嗜好	元同僚と釣りとゴルフ（今はしていない）。最近は晩酌が何よりもの楽しみだった。

家族状況

妻は急な認知症（アルツハイマー）の進行で昨年より施設入所（要介護4）。子供は3人。皆世帯を持ち他県や海外で生活をしている。
長男：本人と同じ銀行に勤務。北海道在住。
次男：大手企業エンジニアでイギリス在住。
長女：結婚して鹿児島県在住。皆、帰省は年1回程度。

望む生活像

家内のことが心配だが、私も大病をして、一命はとりとめたものの、大分弱ってしまった。だが、私が建てたこの家を手放したくはない。皆さんに助けてもらいながら、この家で生活を続けたい。病気はもうたくさん。健康を取り戻したい。

本人の状況

健康状態	元々、高血圧、高脂血症、糖尿病（2型）の指摘があったが、妻が入所後の生活の乱れから3か月前に脳梗塞を発症し、1か月入院した（左不全麻痺）。医師からは再発の恐れ高く栄養改善の指示。
受診／服薬／処置	今までは月1回の定期受診は、元同僚が同じ病院にかかっているため、迎えに来て一緒に受診している。服薬は自己管理だが、飲み忘れが時々ある様子。
心身機能・身体構造	左半身不全麻痺。リハビリテーションにて可動域が拡大しているため日常生活動作はおおむね自立。時々トイレに間に合わないため紙パンツ使用。
活動状況	習慣的に家事は行ったことがなく、妻がすべて行ってきたが昨年より妻の急激な認知症発症により家事全般が困難になった。妻が入所後は自宅は劣悪な環境になった。食事はコンビニ中心で栄養の偏りで脳梗塞を発症した。 現在は十分ではないが掃除と洗濯は何とか自分で行っている。月に1回は民間の有料ハウスクリーニングを依頼。
参加状況	以前の同僚（釣り、ゴルフ仲間）とは時々交流がある。
環境因子	築20年。定年退職時に家を新築した。周囲にも当時新築された家が多く、全体的に住民が高齢化している。近くにはスーパーやコンビニなどがあり利便性は高い。

サービスの利用状況：訪問介護　生活援助　週7回、　訪問看護　週1回

第1表

居宅サービス計画書（1）

作成年月日 ○○年 ○月 ○日

初回 ・ 紹介 ・ 継続　　　　認定済 ・ 申請中

利用者名　B　　殿　　生年月日　昭和○○年 ○月 ○日　　住所 ○○市

居宅サービス計画作成者氏名　○○ ○○

居宅介護支援事業者・事業所名及び所在地　○○市

居宅サービス計画作成（変更）日　○○年 ○月 ○日　　初回居宅サービス計画作成日　○○年 ○月 ○日

認定日　○○年 ○月 ○日　　認定の有効期間　○○年 ○月 ○日 ～ ○○年 ○月 ○日

要介護状態区分	要介護1 ・ 要介護2 ・ 要介護3 ・ 要介護4 ・ 要介護5
利用者及び家族の生活に対する意向を踏まえた課題分析の結果	ご本人：妻のことが心配で、一緒にどこかの施設に入ることも考えましたが、長年働いて得たお金で建てたこの家を手放したくはありません。でも、家事などはしたことがなく、結果的に病気になってしまいました。病気はもう懲り懲りなので、健康にも気を釣りにでも行けたらと思っています。また友人と釣りにでも行けたらと思っています。 ご家族（長男）：遠方なため、すぐに帰ることが難しく、皆さんのお世話になりたいと思います。父は私たちのことを一生懸命育ててくれました。だからこれからは、母のことをとても心配ですが、自分の時間を大切に過ごしてほしいです。
介護認定審査会の意見及びサービスの種類の指定	（栄養指導の重要性の意見有り）
総合的な援助の方針	ご本人のお気持ちに配慮した支援を心がけて参ります。奥様の容態の悪化も懸念されますが、奥様のことを通じてご夫婦の時間を持てますよう、まずは健康に配慮した生活を心がけましょう。医師からは栄養面での改善の指示もでていますので、体を適度に動かす機会も作りましょう。定期的な運動も重要ですので、栄養バランスを考えた食生活を送るよう支援いたします。また、定期的な運動を心がけましょう。今後は生活を継続していく中、新たに気付いた課題など を相談を通して解決していきましょう。 　　　　　　　　　　　　　　　　　長男Dさん 000-0000-0000
生活援助中心型の算定理由	1．一人暮らし　　2．家族等が障害、疾病等　　3．その他（　　　　　　　　　）

第2表

居宅サービス計画書（2）

作成年月日　○○年　○月　○日

生活全般の解決すべき課題（ニーズ）	長期目標	（期間）	短期目標	（期間）	サービス内容	※1	サービス種別	※2	頻度	期間
毎日の生活を健康的に過ごしたい。	日常生活に自信が持て、友人との交流も楽しめる。	○○年○月～○○年○月　6か月	毎日栄養バランスが整った食事を食べ、HbA1cが標準値で維持できる。	○○年○月～○○年○月　3か月	管理栄養士との連携で訪問介護、通所介護にて献立を作成する。受診後に意見書をケアマネジャー経由で配信。	○	管理栄養士（医療）通所介護 訪問介護	○○病院 ○○通所介護 ○○訪問介護	月1回 受診後	○○年○月～○○年○月
					※配食等は十分に管理できないため毎日の生活援助での支援を要する。手作りを食べる楽しみや、ホームヘルパーの視点が効果的なため毎日型とする。					
					毎日の栄養を考慮した食事を調理する。毎日二食分を調理で摂取。摂取量の記録。	○	訪問介護 生活援助（調理）	○○訪問介護	週7回 1時間	○○年○月～○○年○月
					間食の予定表をホームヘルパーと作成する。				週1回	
					Bさんがおやつの予定を作成し、訪問介護で確認する。不明な点は管理栄養士と連携する。					
			定期受診と服薬を守り、血圧とコレステロール値を下げることができる。	○○年○月～○○年○月　3か月	食事による支援（同上）	○	管理栄養士 通所介護 訪問介護	○○病院 ○○通所介護 ○○訪問介護	月1回 受診後	○○年○月～○○年○月
					定期受診と服薬管理		友人との通院 服薬自己管理	友人	月1回	
					服薬確認と血圧測定	○	訪問看護による血圧測定と服薬状況の確認	○○訪問看護 ○○通所介護	週1回 週2回	
					服薬状況の確認	○	服薬状況の確認	○○訪問介護	週7回	
できれば友人と釣りに行きたい。	近場の釣り堀に友人と釣りに行ける。	○○年○月～○○年○月	友人と釣り道具の手入れができる。	○○年○月～○○年○月	機能訓練を通して麻痺側の動きを向上させる。指先の細かい動作の練習をする。	○	○○通所介護 個別機能訓練（麻痺側の機能向上）	○○通所介護	週2回 3時間	○○年○月～○○年○月
					友人との道具の点検		友人との道具の点検	友人		

週間サービス計画表

作成年月日　　年　月　日

時間		月	火	水	木	金	土	日	主な日常生活上の活動
深夜	4:00								
	2:00								
	24:00								就寝
夜間	22:00								入浴（シャワー浴）
	20:00								テレビを見て過ごす
	18:00								夕食
午後	16:00								戸締りなど
	14:00		訪問介護生活（調理、服薬確認）			訪問介護生活（調理、服薬確認）			友人との交流や散歩など
									休憩（午睡1時間）
午前	12:00			訪問介護 生活援助（調理、服薬確認）	訪問介護 生活援助（調理、服薬確認）		訪問介護 生活援助（調理、服薬確認）		昼食
	10:00	訪問介護生活	通所介護（個別機能訓練、食事管理）	訪問看護		通所介護（個別機能訓練、食事管理）			訪問までに掃除・洗濯
早朝	8:00								通所の準備（火、金）
									身支度、朝食（パンなど）
深夜	6:00								起床

週単位以外のサービス

作成日	令和○○年　○月　○日　（○曜）	作成者	○○○○	管理者	○○○○

訪問介護計画書　初回　・　更新（　　　回）

ご利用者	B　様	生年月日	T・S・H　○年　○月　○日（80歳）

住　　　所	○○市	電話 FAX メール

介護認定	要介護（　　1　　）　有効期間：令和　○○年　○月　○日　～　令和○○年　○月　○日

担当 ケアマネジャー	居宅介護支援事業所： 担当者名： 携帯電話：	電話 FAX メール

提供 サービス	□ 身体介護　[食事・排泄（トイレ・Pトイレ・尿器・便器・オムツ）・入浴・清拭・更衣・移乗・移動・服薬・口腔・整容・自立支援見守り（　　　）・その他（　　　　　　）] ■ 生活援助　[掃除・洗濯・調理・買い物・整理整頓・ベッドメイク・その他（　　）] □ 生活機能向上連携加算（　　　　　　）

訪問頻度	毎日・週 3 回（月・火・水・木・金・土・日）/　指定日（　　　　　　） 訪問時間　[　11：00から12：00（1時間）、通所日16：00から17：00（1時間）]

身体状況	現疾患名（　高血圧、高脂血症、2型糖尿病、脳梗塞既往　） 主治医　（　○○病院　○○先生　） 受診頻度（　月1回、友人と通院　） 服薬状況（　降圧剤、抗コレステロール剤、血流促進剤、糖尿病薬、自己管理だが確認を要する　） ADL状況：左不全麻痺。起居動作時にふらつきあり。左手での細かい作業は困難

支援の留意点 予測される リスク	移動時の転倒に注意。ゆっくりした動作であれば安全だが、急な動きには危険を伴う。 食事の管理が最重要課題。好物の揚げ物やお酒などをなるべく減らすよう支援する。ただし、楽しみを奪うような支援は慎む必要があるため、管理栄養士との連携において献立を立て、本人の自覚を尊重した支援とする。おやつの摂取も制限をするのではなく、予め食べる予定を立てて、共有することで自己責任を中心としつつも、管理を可能とした体制を作る。

目標とする 生　活	長期目標 友人との交流や趣味活動を再開して、充実した日々が過ごせる。	短期目標 栄養バランスのとれた食事を摂り、適度な運動を取り入れることで、健康状態の改善が図れる。

ニーズ	期待できる効果とサービス内容	達成期間
毎日の生活を健康的に過ごしたい。	かかりつけの医療機関の管理栄養士との連携により献立を立てて、本人も含め支援者間で共有する。その上で毎日訪問して調理の支援を行う。 配食サービスなども検討したが、本人の希望もあって、ホームヘルパーとの会話や、自宅で作られた食事を食べることで、食事の楽しみを維持したいとのこと。 なおかつ、管理された栄養によって疾患の悪化を防ぐ。そのため毎日の継続的な支援を要すると判断した。 支援の効果は毎月の受診時の血液検査等で評価し、更に管理栄養士による助言を受け、引き続き支援に反映させていく。 3か月後には検査数値の標準内を目指す。 6か月後には健康状態を改善させ社会参加（趣味活動）を再開する。	令和○○年○○月（3か月）
その他	服薬については自己管理を基本とするが、訪問の都度、その日の服薬状況を確認する。 口腔状態は総義歯であるが、今のところ問題はない。手入れも自立している。今後は食事の摂取状況や、会話中の義歯の具合などを気を付け、変化があれば報告することとする。	令和○○年○○月（3か月）

第 6 章

参 考 資 料

○介護保険制度　訪問介護サービス運営基準（抜粋）

指定居宅サービス等の事業の人員、設備及び運営に関する基準（抜粋）

第2章　訪問介護

第1節　基本方針

（基本方針）

第4条　指定居宅サービスに該当する訪問介護（以下「指定訪問介護」という。）の事業は、要介護状態となった場合においても、その利用者が可能な限りその居宅において、その有する能力に応じ自立した日常生活を営むことができるよう、入浴、排せつ、食事の介護その他の生活全般にわたる援助を行うものでなければならない。

　　　　（平18厚労令33・一部改正）

第2節　人員に関する基準

（訪問介護員等の員数）

第5条　指定訪問介護の事業を行う者（以下「指定訪問介護事業者」という。）が当該事業を行う事業所（以下「指定訪問介護事業所」という。）ごとに置くべき訪問介護員等（指定訪問介護の提供に当たる介護福祉士又は法第8条第2項に規定する政令で定める者をいう。以下この節から第4節までにおいて同じ。）の員数は、常勤換算方法で、2.5以上とする。

2　指定訪問介護事業者は、指定訪問介護事業所ごとに、常勤の訪問介護員等のうち、利用者（当該指定訪問介護事業者が法第115条の45第1項第1号イに規定する第1号訪問事業（地域における医療及び介護の総合的な確保を推進するための関係法律の整備等に関する法律（平成26年法律第83号。以下「整備法」という。）第5条による改正前の法（以下「旧法」という。）第8条の2第2項に規定する介護予防訪問介護に相当するものとして市町村が定めるものに限る。）に係る法第115条の45の3第1項に規定する指定事業者（以下「指定事業者」という。）の指定を併せて受け、かつ、指定訪問介護の事業と当該第1号訪問事業とが同一の事業所において一体的に運営されている場合にあっては、当該事業所における指定訪問介護又は当該第1号訪問事業の利用者。以下この条において同じ。）の数が40又はその端数を増すごとに1人以上の者をサービス提供責任者としなければならない。この場合において、当該サービス提供責任者の員数については、利用者の数に応じて常勤換算方法によることができる。

3　前項の利用者の数は、前3月の平均値とする。ただし、新規に指定を受ける場合は、推定数による。

4　第2項のサービス提供責任者は介護福祉士その他厚生労働大臣が定める者であって、専ら指定訪問介護に従事するものをもって充てなければならない。ただし、利用者に対する指定訪問介護の提供に支障がない場合は、同一敷地内にある指定定期巡回・随時対応型訪問介護看護事業所（指定地域密着型サービスの事業の人員、設備及び運営に関する基準（平成18年厚生労働省令第34号。以下「指定地域密着型サービス基準」という。）第3条の4第1項に規定する指定定期巡回・随時対応型訪問介護看護事業所をいう。以下同じ。）又は指定夜間対応型訪問介護事業所（指定地域密着型サービス基準第6条第1項に規定する指定夜間対応型訪問介護事業所をいう。）に従事することができる。

5　第2項の規定にかかわらず、常勤のサービス提供責任者を3人以上配置し、かつ、サービス提供責任者の業務に主として従事する者を1人以上配置している指定訪問介護事業所において、サービス提供責任者が行う業務が効率的に行われている場合にあっては、当該指定訪問介護事業所に置くべきサービス提供責任者の員数は、利用者の数が50又はその端数を増すごとに1人以上とすることができる。

6　指定訪問介護事業者が第2項に規定する第1号訪問事業に係る指定事業者の指定を併せて受け、かつ、指定訪問介護の事業と当該第1号訪問事業とが同一の事業所において一体的に運営されている場合については、市町村の定める当該第1号訪問事業の人員に関する基準を満たすことをもって、前各項に規定する基準を満たしているものとみなすことができる。

（平12厚令37・平18厚労令33・平21厚労令31・平24厚労令30・平27厚労令4・一部改正）

（管理者）

第6条　指定訪問介護事業者は、指定訪問介護事業所ごとに専らその職務に従事する常勤の管理者を置かなければならない。ただし、指定訪問介護事業所の管理上支障がない場合は、当該指定訪問介護事業所の他の職務に従事し、又は同一敷地内にある他の事業所、施設等の職務に従事することができるものとする。

第3節　設備に関する基準

（設備及び備品等）

第7条　指定訪問介護事業所には、事業の運営を行うために必要な広さを有する専用の区画を設けるほか、指定訪問介護の提供に必要な設備及び備品等を備えなければならない。

2　指定訪問介護事業者が第5条第2項に規定する第1号訪問事業に係る指定事業者の指定を併せて受け、かつ、指定訪問介護の事業と当該第1号訪問事業とが同一の事業所において一体的に運営されている場合については、市町村の定める当該第1号訪問事業の設備に関する基準を満たすことをもって、前項に規定する基準を満たしているものとみなすことができる。

（平18厚労令33・平27厚労令4・一部改正）

第4節　運営に関する基準

（内容及び手続の説明及び同意）

第8条　指定訪問介護事業者は、指定訪問介護の提供の開始に際し、あらかじめ、利用申込者又はその家族に対し、第29条に規定する運営規程の概要、訪問介護員等の勤務の体制その他の利用申込者のサービスの選択に資すると認められる重要事項を記した文書を交付して説明を行い、当該提供の開始について利用申込者の同意を得なければならない。

2　指定訪問介護事業者は、利用申込者又はその家族からの申出があった場合には、前項の規定による文書の交付に代えて、第5項で定めるところにより、当該利用申込者又はその家族の承諾を得て、当該文書に記すべき重要事項を電子情報処理組織を使用する方法その他の情報通信の技術を利用する方法であって次に掲げるもの（以下この条において「電磁的方法」という。）により提供することができる。この場合において、当該指定訪問介護事業者は、当該文書を交付したものとみなす。

一　電子情報処理組織を使用する方法のうちイ又はロに掲げるもの

　イ　指定訪問介護事業者の使用に係る電子計算機と利用申込者又はその家族の使用に係る電子計算機とを接続する電気通信回線を通じて送信し、受信者の使用に係る電子計算機に備えられたファイルに記録する方法

　ロ　指定訪問介護事業者の使用に係る電子計算機に備えられたファイルに記録された前項に規定する重要事項を電気通信回線を通じて利用申込者又はその家族の閲覧に供し、当該利用申込者又はその家族の使用に係る電子計算機に備えられたファイルに当該重要事項を記録する方法（電磁的方法による提供を受ける旨の承諾又は受けない旨の申出をする場合にあっては、指定訪問介護事業者の使用に係る電子計算機に備えられたファイルにその旨を記録する方法）

二　磁気ディスク、シー・ディー・ロムその他これらに準ずる方法により一定の事項を確実に記録しておくことができる物をもって調製するファイルに前項に規定する重要事項を記録したものを交付する方法

3　前項に掲げる方法は、利用申込者又はその家族がファイルへの記録を出力することによる文書を作成することができるものでなければならない。

4　第2項第1号の「電子情報処理組織」とは、指定訪問介護事業者の使用に係る電子計算機と、利用申込者又はその家族の使用に係る電子計算機とを電気通信回線で接続した電子情報処理組織をいう。

5　指定訪問介護事業者は、第2項の規定により第1項に規定する重要事項を提供しようとするときは、あらかじめ、当該利用申込者又はその家族に対し、その用いる次に掲げる電磁的方法の種類及び内容を示し、文書又は電磁的方法による承諾を得なければならない。

一　第二項各号に規定する方法のうち指定訪問介護事業者が使用するもの

二　ファイルへの記録の方式

6　前項の規定による承諾を得た指定訪問介護事業者は、当該利用申込者又はその家族から文書又は電磁的方法により電磁的方法による提供を受けない旨の申出があったときは、当該利用申込者又はその家族に対し、第1項に規定する重要事項の提供を電磁的方法によってしてはならない。ただし、当該利用申込者又はその家族が再び前項の規定による承諾をした場合は、この限りでない。

　　　（平13厚労令36・一部改正）

（提供拒否の禁止）

第9条　指定訪問介護事業者は、正当な理由なく指定訪問介護の提供を拒んではならない。

（サービス提供困難時の対応）

第10条　指定訪問介護事業者は、当該指定訪問介護事業所の通常の事業の実施地域（当該事業所が通常時に当該サービスを提供する地域をいう。以下同じ。）等を勘案し、利用申込者に対し自ら適切な指定訪問介護を提供することが困難であると認めた場合は、当該利用申込者に係る居宅介護支

援事業者（法第 8 条第24項に規定する居宅介護支援事業を行う者をいう。以下同じ。）への連絡、適当な他の指定訪問介護事業者等の紹介その他の必要な措置を速やかに講じなければならない。

　　　　（平30厚労令 4 ・一部改正）

（受給資格等の確認）

第11条　指定訪問介護事業者は、指定訪問介護の提供を求められた場合は、その者の提示する被保険者証によって、被保険者資格、要介護認定の有無及び要介護認定の有効期間を確かめるものとする。

2 　指定訪問介護事業者は、前項の被保険者証に、法第73条第 2 項に規定する認定審査会意見が記載されているときは、当該認定審査会意見に配慮して、指定訪問介護を提供するように努めなければならない。

　　　　（平18厚労令33・一部改正）

（要介護認定の申請に係る援助）

第12条　指定訪問介護事業者は、指定訪問介護の提供の開始に際し、要介護認定を受けていない利用申込者については、要介護認定の申請が既に行われているかどうかを確認し、申請が行われていない場合は、当該利用申込者の意思を踏まえて速やかに当該申請が行われるよう必要な援助を行わなければならない。

2 　指定訪問介護事業者は、居宅介護支援（これに相当するサービスを含む。）が利用者に対して行われていない等の場合であって必要と認めるときは、要介護認定の更新の申請が、遅くとも当該利用者が受けている要介護認定の有効期間が終了する30日前にはなされるよう、必要な援助を行わなければならない。

　　　　（平15厚労令28・平18厚労令33・一部改正）

（心身の状況等の把握）

第13条　指定訪問介護事業者は、指定訪問介護の提供に当たっては、利用者に係る居宅介護支援事業者が開催するサービス担当者会議（指定居宅介護支援等の事業の人員及び運営に関する基準（平成11年厚生省令第38号。以下「指定居宅介護支援等基準」という。）第13条第 9 号に規定するサービス担当者会議をいう。以下同じ。）等を通じて、利用者の心身の状況、その置かれている環境、他の保健医療サービス又は福祉サービスの利用状況等の把握に努めなければならない。

　　　　（平15厚労令28・平27厚労令 4 ・一部改正）

（居宅介護支援事業者等との連携）

第14条　指定訪問介護事業者は、指定訪問介護を提供するに当たっては、居宅介護支援事業者その他保健医療サービス又は福祉サービスを提供する者（以下「居宅介護支援事業者等」という。）との密接な連携に努めなければならない。

2 　指定訪問介護事業者は、指定訪問介護の提供の終了に際しては、利用者又はその家族に対して適切な指導を行うとともに、当該利用者に係る居宅介護支援事業者に対する情報の提供及び保健医療サービス又は福祉サービスを提供する者との密接な連携に努めなければならない。

　　　　（平30厚労令 4 ・一部改正）

（法定代理受領サービスの提供を受けるための援助）

第15条　指定訪問介護事業者は、指定訪問介護の提供の開始に際し、利用申込者が介護保険法施行規則（平成11年厚生省令第36号。以下「施行規則」という。）第64条各号のいずれにも該当しない

ときは、当該利用申込者又はその家族に対し、居宅サービス計画の作成を居宅介護支援事業者に依頼する旨を市町村に対して届け出ること等により、指定訪問介護の提供を法定代理受領サービスとして受けることができる旨を説明すること、居宅介護支援事業者に関する情報を提供することその他の法定代理受領サービスを行うために必要な援助を行わなければならない。

（居宅サービス計画に沿ったサービスの提供）

第16条　指定訪問介護事業者は、居宅サービス計画（施行規則第64条第1号ハ及びニに規定する計画を含む。以下同じ。）が作成されている場合は、当該計画に沿った指定訪問介護を提供しなければならない。

　　　　（平18厚労令33・一部改正）

（居宅サービス計画等の変更の援助）

第17条　指定訪問介護事業者は、利用者が居宅サービス計画の変更を希望する場合は、当該利用者に係る居宅介護支援事業者への連絡その他の必要な援助を行わなければならない。

（身分を証する書類の携行）

第18条　指定訪問介護事業者は、訪問介護員等に身分を証する書類を携行させ、初回訪問時及び利用者又はその家族から求められたときは、これを提示すべき旨を指導しなければならない。

（サービスの提供の記録）

第19条　指定訪問介護事業者は、指定訪問介護を提供した際には、当該指定訪問介護の提供日及び内容、当該指定訪問介護について法第41条第6項の規定により利用者に代わって支払を受ける居宅介護サービス費の額その他必要な事項を、利用者の居宅サービス計画を記載した書面又はこれに準ずる書面に記載しなければならない。

2　指定訪問介護事業者は、指定訪問介護を提供した際には、提供した具体的なサービスの内容等を記録するとともに、利用者からの申出があった場合には、文書の交付その他適切な方法により、その情報を利用者に対して提供しなければならない。

　　　　（平15厚労令28・平18厚労令33・一部改正）

（利用料等の受領）

第20条　指定訪問介護事業者は、法定代理受領サービスに該当する指定訪問介護を提供した際には、その利用者から利用料の一部として、当該指定訪問介護に係る居宅介護サービス費用基準額から当該指定訪問介護事業者に支払われる居宅介護サービス費の額を控除して得た額の支払を受けるものとする。

2　指定訪問介護事業者は、法定代理受領サービスに該当しない指定訪問介護を提供した際にその利用者から支払を受ける利用料の額と、指定訪問介護に係る居宅介護サービス費用基準額との間に、不合理な差額が生じないようにしなければならない。

3　指定訪問介護事業者は、前2項の支払を受ける額のほか、利用者の選定により通常の事業の実施地域以外の地域の居宅において指定訪問介護を行う場合は、それに要した交通費の額の支払を利用者から受けることができる。

4　指定訪問介護事業者は、前項の費用の額に係るサービスの提供に当たっては、あらかじめ、利用者又はその家族に対し、当該サービスの内容及び費用について説明を行い、利用者の同意を得なければならない。

（平18厚労令33・一部改正）

（保険給付の請求のための証明書の交付）

第21条　指定訪問介護事業者は、法定代理受領サービスに該当しない指定訪問介護に係る利用料の支払を受けた場合は、提供した指定訪問介護の内容、費用の額その他必要と認められる事項を記載したサービス提供証明書を利用者に対して交付しなければならない。

（指定訪問介護の基本取扱方針）

第22条　指定訪問介護は、利用者の要介護状態の軽減又は悪化の防止に資するよう、その目標を設定し、計画的に行われなければならない。

2　指定訪問介護事業者は、自らその提供する指定訪問介護の質の評価を行い、常にその改善を図らなければならない。

（平18厚労令33・一部改正）

（指定訪問介護の具体的取扱方針）

第23条　訪問介護員等の行う指定訪問介護の方針は、次に掲げるところによるものとする。

　一　指定訪問介護の提供に当たっては、次条第1項に規定する訪問介護計画に基づき、利用者が日常生活を営むのに必要な援助を行う。

　二　指定訪問介護の提供に当たっては、懇切丁寧に行うことを旨とし、利用者又はその家族に対し、サービスの提供方法等について、理解しやすいように説明を行う。

　三　指定訪問介護の提供に当たっては、介護技術の進歩に対応し、適切な介護技術をもってサービスの提供を行う。

　四　常に利用者の心身の状況、その置かれている環境等の的確な把握に努め、利用者又はその家族に対し、適切な相談及び助言を行う。

（訪問介護計画の作成）

第24条　サービス提供責任者（第5条第2項に規定するサービス提供責任者をいう。以下この条及び第28条において同じ。）は、利用者の日常生活全般の状況及び希望を踏まえて、指定訪問介護の目標、当該目標を達成するための具体的なサービスの内容等を記載した訪問介護計画を作成しなければならない。

2　訪問介護計画は、既に居宅サービス計画が作成されている場合は、当該計画の内容に沿って作成しなければならない。

3　サービス提供責任者は、訪問介護計画の作成に当たっては、その内容について利用者又はその家族に対して説明し、利用者の同意を得なければならない。

4　サービス提供責任者は、訪問介護計画を作成した際には、当該訪問介護計画を利用者に交付しなければならない。

5　サービス提供責任者は、訪問介護計画の作成後、当該訪問介護計画の実施状況の把握を行い、必要に応じて当該訪問介護計画の変更を行うものとする。

6　第1項から第四項までの規定は、前項に規定する訪問介護計画の変更について準用する。

（平12厚令37・平15厚労令28・一部改正）

（同居家族に対するサービス提供の禁止）

第25条　指定訪問介護事業者は、訪問介護員等に、その同居の家族である利用者に対する訪問介護

の提供をさせてはならない。

　　　　　（平12厚令37・一部改正）

（利用者に関する市町村への通知）

第26条　指定訪問介護事業者は、指定訪問介護を受けている利用者が次の各号のいずれかに該当する場合は、遅滞なく、意見を付してその旨を市町村に通知しなければならない。

　一　正当な理由なしに指定訪問介護の利用に関する指示に従わないことにより、要介護状態の程度を増進させたと認められるとき。

　二　偽りその他不正な行為によって保険給付を受け、又は受けようとしたとき。

　　　　　（平18厚労令33・一部改正）

（緊急時等の対応）

第27条　訪問介護員等は、現に指定訪問介護の提供を行っているときに利用者に病状の急変が生じた場合その他必要な場合は、速やかに主治の医師への連絡を行う等の必要な措置を講じなければならない。

（管理者及びサービス提供責任者の責務）

第28条　指定訪問介護事業所の管理者は、当該指定訪問介護事業所の従業者及び業務の管理を、一元的に行わなければならない。

２　指定訪問介護事業所の管理者は、当該指定訪問介護事業所の従業者にこの章の規定を遵守させるため必要な指揮命令を行うものとする。

３　サービス提供責任者は、第24条に規定する業務のほか、次に掲げる業務を行うものとする。

　一　指定訪問介護の利用の申込みに係る調整をすること。

　二　利用者の状態の変化やサービスに関する意向を定期的に把握すること。

　二の二　居宅介護支援事業者等に対し、指定訪問介護の提供に当たり把握した利用者の服薬状況、口腔（くう）機能その他の利用者の心身の状態及び生活の状況に係る必要な情報の提供を行うこと。

　三　サービス担当者会議への出席等により、居宅介護支援事業者等と連携を図ること。

　四　訪問介護員等（サービス提供責任者を除く。以下この条において同じ。）に対し、具体的な援助目標及び援助内容を指示するとともに、利用者の状況についての情報を伝達すること。

　五　訪問介護員等の業務の実施状況を把握すること。

　六　訪問介護員等の能力や希望を踏まえた業務管理を実施すること。

　七　訪問介護員等に対する研修、技術指導等を実施すること。

　八　その他サービス内容の管理について必要な業務を実施すること。

　　　　　（平18厚労令33・平30厚労令4・一部改正）

（運営規程）

第29条　指定訪問介護事業者は、指定訪問介護事業所ごとに、次に掲げる事業の運営についての重要事項に関する規程（以下この章において「運営規程」という。）を定めておかなければならない。

　一　事業の目的及び運営の方針

　二　従業者の職種、員数及び職務の内容

　三　営業日及び営業時間

　四　指定訪問介護の内容及び利用料その他の費用の額

五　通常の事業の実施地域

　　六　緊急時等における対応方法

　　七　虐待の防止のための措置に関する事項

　　八　その他運営に関する重要事項

　　　　　（令3厚労令9・一部改正）

（介護等の総合的な提供）

第29条の2　指定訪問介護事業者は、指定訪問介護の事業の運営に当たっては、入浴、排せつ、食事等の介護又は調理、洗濯、掃除等の家事（以下この条において「介護等」という。）を常に総合的に提供するものとし、介護等のうち特定の援助に偏することがあってはならない。

　　　　　（平13厚労令24・追加）

（勤務体制の確保等）

第30条　指定訪問介護事業者は、利用者に対し適切な指定訪問介護を提供できるよう、指定訪問介護事業所ごとに、訪問介護員等の勤務の体制を定めておかなければならない。

2　指定訪問介護事業者は、指定訪問介護事業所ごとに、当該指定訪問介護事業所の訪問介護員等によって指定訪問介護を提供しなければならない。

3　指定訪問介護事業者は、訪問介護員等の資質の向上のために、その研修の機会を確保しなければならない。

4　指定訪問介護事業者は、適切な指定訪問介護の提供を確保する観点から、職場において行われる性的な言動又は優越的な関係を背景とした言動であって業務上必要かつ相当な範囲を超えたものにより訪問介護員等の就業環境が害されることを防止するための方針の明確化等の必要な措置を講じなければならない。

　　　　　（令3厚労令9・一部改正）

（業務継続計画の策定等）

第30条の2　指定訪問介護事業者は、感染症や非常災害の発生時において、利用者に対する指定訪問介護の提供を継続的に実施するための、及び非常時の体制で早期の業務再開を図るための計画（以下「業務継続計画」という。）を策定し、当該業務継続計画に従い必要な措置を講じなければならない。

2　指定訪問介護事業者は、訪問介護員等に対し、業務継続計画について周知するとともに、必要な研修及び訓練を定期的に実施しなければならない。

3　指定訪問介護事業者は、定期的に業務継続計画の見直しを行い、必要に応じて業務継続計画の変更を行うものとする。

　　　　　（令3厚労令9・追加）

（衛生管理等）

第31条　指定訪問介護事業者は、訪問介護員等の清潔の保持及び健康状態について、必要な管理を行わなければならない。

2　指定訪問介護事業者は、指定訪問介護事業所の設備及び備品等について、衛生的な管理に努めなければならない。

3　指定訪問介護事業者は、当該指定訪問介護事業所において感染症が発生し、又はまん延しないよ

うに、次の各号に掲げる措置を講じなければならない。

一　当該指定訪問介護事業所における感染症の予防及びまん延の防止のための対策を検討する委員
　　会（テレビ電話装置その他の情報通信機器（以下「テレビ電話装置等」という。）を活用して行
　　うことができるものとする。）をおおむね６月に１回以上開催するとともに、その結果について、
　　訪問介護員等に周知徹底を図ること。

二　当該指定訪問介護事業所における感染症の予防及びまん延の防止のための指針を整備すること。

三　当該指定訪問介護事業所において、訪問介護員等に対し、感染症の予防及びまん延の防止のた
　　めの研修及び訓練を定期的に実施すること。

　　　　　（令３厚労令９・一部改正）

（掲示）

第32条　指定訪問介護事業者は、指定訪問介護事業所の見やすい場所に、運営規程の概要、訪問介
　　護員等の勤務の体制その他の利用申込者のサービスの選択に資すると認められる重要事項を掲示し
　　なければならない。

２　指定訪問介護事業者は、前項に規定する事項を記載した書面を当該指定訪問介護事業所に備え付
　　け、かつ、これをいつでも関係者に自由に閲覧させることにより、同項の規定による掲示に代える
　　ことができる。

　　　　　（令３厚労令９・一部改正）

（秘密保持等）

第33条　指定訪問介護事業所の従業者は、正当な理由がなく、その業務上知り得た利用者又はその
　　家族の秘密を漏らしてはならない。

２　指定訪問介護事業者は、当該指定訪問介護事業所の従業者であった者が、正当な理由がなく、そ
　　の業務上知り得た利用者又はその家族の秘密を漏らすことがないよう、必要な措置を講じなければ
　　ならない。

３　指定訪問介護事業者は、サービス担当者会議等において、利用者の個人情報を用いる場合は利用
　　者の同意を、利用者の家族の個人情報を用いる場合は当該家族の同意を、あらかじめ文書により得
　　ておかなければならない。

（広告）

第34条　指定訪問介護事業者は、指定訪問介護事業所について広告をする場合においては、その内
　　容が虚偽又は誇大なものであってはならない。

（不当な働きかけの禁止）

第34条の２　指定訪問介護事業者は、居宅サービス計画の作成又は変更に関し、指定居宅介護支援
　　事業所（指定居宅介護支援等基準第２条第１項に規定する指定居宅介護支援事業所をいう。第138
　　条第２項において同じ。）の介護支援専門員又は居宅要介護被保険者（法第41条第１項に規定する
　　居宅要介護被保険者をいう。）に対して、利用者に必要のないサービスを位置付けるよう求めるこ
　　とその他の不当な働きかけを行ってはならない。

　　　　　（平30厚労令４・追加）

（居宅介護支援事業者に対する利益供与の禁止）

第35条　指定訪問介護事業者は、居宅介護支援事業者又はその従業者に対し、利用者に対して特定

の事業者によるサービスを利用させることの対償として、金品その他の財産上の利益を供与しては
ならない。

（苦情処理）

第36条 指定訪問介護事業者は、提供した指定訪問介護に係る利用者及びその家族からの苦情に迅
速かつ適切に対応するために、苦情を受け付けるための窓口を設置する等の必要な措置を講じなけ
ればならない。

2 指定訪問介護事業者は、前項の苦情を受け付けた場合には、当該苦情の内容等を記録しなければ
ならない。

3 指定訪問介護事業者は、提供した指定訪問介護に関し、法第23条の規定により市町村が行う文書
その他の物件の提出若しくは提示の求め又は当該市町村の職員からの質問若しくは照会に応じ、及
び利用者からの苦情に関して市町村が行う調査に協力するとともに、市町村から指導又は助言を受
けた場合においては、当該指導又は助言に従って必要な改善を行わなければならない。

4 指定訪問介護事業者は、市町村からの求めがあった場合には、前項の改善の内容を市町村に報告
しなければならない。

5 指定訪問介護事業者は、提供した指定訪問介護に係る利用者からの苦情に関して国民健康保険団
体連合会（国民健康保険法（昭和33年法律第192号）第45条第5項に規定する国民健康保険団体連
合会をいう。以下同じ。）が行う法第176条第1項第3号の調査に協力するとともに、国民健康保険
団体連合会から同号の指導又は助言を受けた場合においては、当該指導又は助言に従って必要な改
善を行わなければならない。

6 指定訪問介護事業者は、国民健康保険団体連合会からの求めがあった場合には、前項の改善の内
容を国民健康保険団体連合会に報告しなければならない。

　　　　　　（平15厚労令28・平24厚労令11・一部改正）

（地域との連携等）

第36条の2 指定訪問介護事業者は、その事業の運営に当たっては、提供した指定訪問介護に関す
る利用者からの苦情に関して市町村等が派遣する者が相談及び援助を行う事業その他の市町村が実
施する事業に協力するよう努めなければならない。

2 指定訪問介護事業者は、指定訪問介護事業所の所在する建物と同一の建物に居住する利用者に対
して指定訪問介護を提供する場合には、当該建物に居住する利用者以外の者に対しても指定訪問介
護の提供を行うよう努めなければならない。

　　　　　　（平24厚労令30・追加、令3厚労令9・一部改正）

（事故発生時の対応）

第37条 指定訪問介護事業者は、利用者に対する指定訪問介護の提供により事故が発生した場合は、
市町村、当該利用者の家族、当該利用者に係る居宅介護支援事業者等に連絡を行うとともに、必要
な措置を講じなければならない。

2 指定訪問介護事業者は、前項の事故の状況及び事故に際して採った処置について記録しなければ
ならない。

3 指定訪問介護事業者は、利用者に対する指定訪問介護の提供により賠償すべき事故が発生した場
合は、損害賠償を速やかに行わなければならない。

（平15厚労令28・一部改正）

（虐待の防止）

第37条の2　指定訪問介護事業者は、虐待の発生又はその再発を防止するため、次の各号に掲げる措置を講じなければならない。

一　当該指定訪問介護事業所における虐待の防止のための対策を検討する委員会（テレビ電話装置等を活用して行うことができるものとする。）を定期的に開催するとともに、その結果について、訪問介護員等に周知徹底を図ること。

二　当該指定訪問介護事業所における虐待の防止のための指針を整備すること。

三　当該指定訪問介護事業所において、訪問介護員等に対し、虐待の防止のための研修を定期的に実施すること。

四　前3号に掲げる措置を適切に実施するための担当者を置くこと。

（令3厚労令9・追加）

（会計の区分）

第38条　指定訪問介護事業者は、指定訪問介護事業所ごとに経理を区分するとともに、指定訪問介護の事業の会計とその他の事業の会計を区分しなければならない。

（記録の整備）

第39条　指定訪問介護事業者は、従業者、設備、備品及び会計に関する諸記録を整備しておかなければならない。

2　指定訪問介護事業者は、利用者に対する指定訪問介護の提供に関する次の各号に掲げる記録を整備し、その完結の日から2年間保存しなければならない。

一　訪問介護計画

二　第19条第2項に規定する提供した具体的なサービスの内容等の記録

三　第26条に規定する市町村への通知に係る記録

四　第36条第2項に規定する苦情の内容等の記録

五　第37条第2項に規定する事故の状況及び事故に際して採った処置についての記録

（平15厚労令28・一部改正）

第5節　共生型居宅サービスに関する基準

（平30厚労令4・追加）

（共生型訪問介護の基準）

第39条の2　訪問介護に係る共生型居宅サービス（以下この条及び次条において「共生型訪問介護」という。）の事業を行う指定居宅介護事業者（障害者の日常生活及び社会生活を総合的に支援するための法律に基づく指定障害福祉サービスの事業等の人員、設備及び運営に関する基準（平成18年厚生労働省令第171号。以下「指定障害福祉サービス等基準」という。）第5条第1項に規定する指定居宅介護事業者をいう。）及び重度訪問介護（障害者の日常生活及び社会生活を総合的に支援するための法律（平成17年法律第123号。以下この条及び第140条の14において「障害者総合支援法」という。）第5条第3項に規定する重度訪問介護をいう。第1号において同じ。）に係る指定障害福祉サービス（障害者総合支援法第29条第1項に規定する指定障害福祉サービスをいう。第1号において同じ。）の事業を行う者が当該事業に関して満たすべき基準は、次のとおりとする。

一　指定居宅介護事業所（指定障害福祉サービス等基準第五条第一項に規定する指定居宅介護事業所をいう。）又は重度訪問介護に係る指定障害福祉サービスの事業を行う者が当該事業を行う事業所（以下この号において「指定居宅介護事業所等」という。）の従業者の員数が、当該指定居宅介護事業所等が提供する指定居宅介護（指定障害福祉サービス等基準第４条第１項に規定する指定居宅介護をいう。）又は重度訪問介護（以下この号において「指定居宅介護等」という。）の利用者の数を指定居宅介護等の利用者及び共生型訪問介護の利用者の数の合計数であるとした場合における当該指定居宅介護事業所等として必要とされる数以上であること。

二　共生型訪問介護の利用者に対して適切なサービスを提供するため、指定訪問介護事業所その他の関係施設から必要な技術的支援を受けていること。

　　　　（平30厚労令４・追加）

（準用）

第39条の３　第４条、第５条（第１項を除く。）及び第６条並びに前節の規定は、共生型訪問介護の事業について準用する。この場合において、第５条第２項中「利用者（」とあるのは「利用者（共生型訪問介護の利用者及び指定居宅介護又は重度訪問介護に係る指定障害福祉サービスの利用者をいい、」と、「指定訪問介護又は」とあるのは「共生型訪問介護及び指定居宅介護若しくは重度訪問介護に係る指定障害福祉サービス又は」と読み替えるものとする。

　　　　（平30厚労令４・追加）

　　　　第６節　基準該当居宅サービスに関する基準

　　　　（平30厚労令４・旧第５節繰下）

（訪問介護員等の員数）

第40条　基準該当居宅サービスに該当する訪問介護又はこれに相当するサービス（以下「基準該当訪問介護」という。）の事業を行う者（以下「基準該当訪問介護事業者」という。）が、当該事業を行う事業所（以下「基準該当訪問介護事業所」という。）ごとに置くべき訪問介護員等（基準該当訪問介護の提供に当たる介護福祉士又は法第８条第２項に規定する政令で定める者をいう。以下この節において同じ。）の員数は、３人以上とする。

２　基準該当訪問介護事業者は、基準該当訪問介護事業所ごとに、訪問介護員等のうち１人以上の者をサービス提供責任者としなければならない。

３　基準該当訪問介護の事業と法第115条の45第１項第１号イに規定する第１号訪問事業（旧法第８条の２第２項に規定する介護予防訪問介護及び基準該当介護予防サービス（法第54条第１項第２号に規定する基準該当介護予防サービスをいう。以下同じ。）に相当するものとして市町村が定めるものに限る。）とが、同一の事業者により同一の事業所において一体的に運営されている場合については、市町村の定める当該第１号訪問事業の人員に関する基準を満たすことをもって、前２項に規定する基準を満たしているものとみなすことができる。

　　　　（平12厚令37・平18厚労令33・平27厚労令４・一部改正）

（管理者）

第41条　基準該当訪問介護事業者は、基準該当訪問介護事業所ごとに専らその職務に従事する管理者を置かなければならない。ただし、基準該当訪問介護事業所の管理上支障がない場合は、当該基準該当訪問介護事業所の他の職務に従事し、又は同一敷地内にある他の事業所、施設等の職務に従

事することができるものとする。

（設備及び備品等）

第42条　基準該当訪問介護事業所には、事業の運営を行うために必要な広さの区画を設けるほか、基準該当訪問介護の提供に必要な設備及び備品等を備えなければならない。

2　基準該当訪問介護の事業と第40条第3項に規定する第1号訪問事業とが、同一の事業者により同一の事業所において一体的に運営される場合については、市町村の定める当該第1号訪問事業の設備に関する基準を満たすことをもって、前項に規定する基準を満たしているものとみなすことができる。

　　　　（平18厚労令33・平27厚労令4・一部改正）

（同居家族に対するサービス提供の制限）

第42条の2　基準該当訪問介護事業者は、訪問介護員等に、その同居の家族である利用者に対する訪問介護の提供をさせてはならない。ただし、同居の家族である利用者に対する訪問介護が次のいずれにも該当する場合には、この限りでない。

一　当該訪問介護の利用者が、離島、山間のへき地その他の地域であって、指定訪問介護のみによっては必要な訪問介護の見込量を確保することが困難であると市町村が認めるものに住所を有する場合

二　当該訪問介護が、法第46条第1項に規定する指定居宅介護支援事業者又は法第47条第1項第1号に規定する基準該当居宅介護支援の事業を行う者の作成する居宅サービス計画に基づいて提供される場合

三　当該訪問介護が、第40条第2項に規定するサービス提供責任者の行う具体的な指示に基づいて提供される場合

四　当該訪問介護が、入浴、排せつ、食事等の介護をその主たる内容とする場合

五　当該訪問介護を提供する訪問介護員等の当該訪問介護に従事する時間の合計時間が、当該訪問介護員等が訪問介護に従事する時間の合計時間のおおむね2分の1を超えない場合

2　基準該当訪問介護事業者は、前項ただし書の規定に基づき、訪問介護員等にその同居の家族である利用者に対する基準該当訪問介護の提供をさせる場合において、当該利用者の意向や当該利用者に係る第43条において準用する第24条第1項の訪問介護計画の実施状況等からみて、当該基準該当訪問介護が適切に提供されていないと認めるときは、当該訪問介護員等に対し適切な指導を行う等の必要な措置を講じなければならない。

　　　　（平12厚令37・追加）

（準用）

第43条　第1節及び第4節（第15条、第20条第1項、第25条、第29条の2並びに第36条第5項及び第6項を除く。）の規定は、基準該当訪問介護の事業について準用する。この場合において、第19条第1項中「内容、当該指定訪問介護について法第41条第6項の規定により利用者に代わって支払を受ける居宅介護サービス費の額」とあるのは「内容」と、第20条第2項及び第21条中「法定代理受領サービスに該当しない指定訪問介護」とあるのは「基準該当訪問介護」と、第20条第3項中「前2項」とあるのは「前項」と、第24条第1項中「第5条第2項」とあるのは「第40条第2項」と、「第28条」とあるのは「第43条において準用する第28条」と読み替えるものとする。

　　　　（平12厚令37・平13厚労令24・平15厚労令28・平18厚労令33・令3厚労令9・一部改正）

別表一

●常勤換算方法を採用する事業所で必要となる常勤のサービス提供責任者数

利用者の数	居宅基準第5条第2項の規定に基づき置かなければならない常勤のサービス提供責任者数	常勤換算方法を採用する事業所で必要となる常勤のサービス提供責任者数
40 人以下	1	1
40 人超 80 人以下	2	1
80 人超 120 人以下	3	2
120 人超 160 人以下	4	3
160 人超 200 人以下	5	4
200 人超 240 人以下	6	4
240 人超 280 人以下	7	5
280 人超 320 人以下	8	6
320 人超 360 人以下	9	6
360 人超 400 人以下	10	7
400 人超 440 人以下	11	8
440 人超 480 人以下	12	8
480 人超 520 人以下	13	9
520 人超 560 人以下	14	10
560 人超 600 人以下	15	10
600 人超 640 人以下	16	11

別表二

●常勤換算方法を採用する事業所で必要となる常勤のサービス提供責任者数（居宅基準第5条第5項の規定の適用を受ける指定訪問介護事業所の場合）

利用者の数	居宅基準第5条第5項の規定の適用を受ける訪問介護事業所が置かなければならない常勤のサービス提供責任者数	常勤換算方法を採用する事業所で必要となる常勤のサービス提供責任者数
50 人以下	3	3
50 人超 100 人以下	3	3
100 人超 150 人以下	3	3
150 人超 200 人以下	4	3
200 人超 250 人以下	5	4
250 人超 300 人以下	6	4
300 人超 350 人以下	7	5
350 人超 400 人以下	8	6
400 人超 450 人以下	9	6
450 人超 500 人以下	10	7
500 人超 550 人以下	11	8
550 人超 600 人以下	12	8
600 人超 650 人以下	13	9

○令和3年4月改定　介護報酬　訪問介護（抄）

指定居宅サービスに要する費用の額の算定に関する基準（厚生省告示第19号）（抄）

別表

（平27厚労告74・全改、平27厚労告103・平28厚労告139・平29厚労告60・平30厚労告78・平30厚労告180・平31厚労告101・令3厚労告73・令4厚労告128・令4厚労告161・一部改正）

指定居宅サービス介護給付費単位数表

1　訪問介護費

イ　身体介護が中心である場合

(1)　所要時間20分未満の場合　167単位

(2)　所要時間20分以上30分未満の場合　250単位

(3)　所要時間30分以上1時間未満の場合　396単位

(4)　所要時間1時間以上の場合　579単位に所要時間1時間から計算して所要時間30分を増すごとに84単位を加算した単位数

ロ　生活援助が中心である場合

(1)　所要時間20分以上45分未満の場合　183単位

(2)　所要時間45分以上の場合　225単位

ハ　通院等のための乗車又は降車の介助が中心である場合　99単位

注

1　指定訪問介護事業所（指定居宅サービス等の事業の人員、設備及び運営に関する基準（平成11年厚生省令第37号。以下「指定居宅サービス基準」という。）第5条第1項に規定する指定訪問介護事業所をいう。以下同じ。）の訪問介護員等（同項に規定する訪問介護員等をいう。以下同じ。）が、利用者（介護保険法施行令（平成10年政令第412号）第3条第1項第2号に規定する厚生労働大臣が定める者（指定居宅介護等の提供に当たる者として厚生労働大臣が定めるもの（平成18年厚生労働省告示第538号。注9において「居宅介護従業者基準」という。）第1条第3号、第8号及び第13号に規定する者を除く。）が指定訪問介護（指定居宅サービス基準第4条に規定する指定訪問介護をいう。以下同じ。）を行う場合にあっては、65歳に達した日の前日において、当該指定訪問介護事業所において事業を行う事業者が指定居宅介護（障害者の日常生活及び社会生活を総合的に支援するための法律に基づく指定障害福祉サービスの事業等の人員、設備及び運営に関する基準（平成18年厚生労働省令第171号。以下「指定障害福祉サービス等基準」という。）第4条第1項に規定する指定居宅介護をいう。）又は重度訪問介護（障害者の日常生活及び社会生活を総合的に支援するための法律（平成17年法律第123号）第5条第3項に規定する重度訪問介護をいう。注9において同じ。）に係る指定障害福祉サービス（同法第29条第1項に規定する指定障害福祉サービスをいう。注9において同じ。）の事業を行う事業所において、指定居宅介護又は重度訪問介護に係る指定障害福祉サービスを利用していた者に限る。）に対して、指定訪問介護を行った場合に、

現に要した時間ではなく、訪問介護計画（指定居宅サービス基準第24条第1項に規定する訪問介護計画をいう。以下同じ。）に位置付けられた内容の指定訪問介護を行うのに要する標準的な時間で所定単位数を算定する。

2　イについては、訪問介護員等（介護福祉士、介護保険法施行規則（平成11年厚生省令第36号）第22条の23第1項に規定する介護職員初任者研修課程を修了した者及び介護保険法施行令第3条第1項第2号に規定する者に限る。注4において同じ。）が、身体介護（利用者の身体に直接接触して行う介助並びにこれを行うために必要な準備及び後始末並びに利用者の日常生活を営むのに必要な機能の向上等のための介助及び専門的な援助をいう。以下同じ。）が中心である指定訪問介護を行った場合に所定単位数を算定する。なお、身体介護が中心である指定訪問介護の所要時間が20分未満である場合は、イ(1)の所定単位数を、身体介護が中心である指定訪問介護の所要時間が20分未満であって、かつ、別に厚生労働大臣が定める基準に適合するものとして都道府県知事（地方自治法（昭和22年法律第67号）第252条の19第1項の指定都市（以下「指定都市」という。）及び同法第252条の22第1項の中核市（以下「中核市」という。）にあっては、指定都市又は中核市の市長。以下同じ。）に届け出た指定訪問介護事業所において、別に厚生労働大臣が定める基準に適合する利用者に対して行われる場合は、イ(1)の所定単位数を当該算定月における1月当たりの訪問介護費を指定地域密着型サービスに要する費用の額の算定に関する基準（平成18年厚生労働省告示第126号）の別表指定地域密着型サービス介護給付費単位数表の定期巡回・随時対応型訪問介護看護費のイ(1)のうち当該利用者の要介護状態区分に応じた所定単位数を限度として、それぞれ算定する。

3　ロについては、単身の世帯に属する利用者又は家族若しくは親族（以下「家族等」という。）と同居している利用者であって、当該家族等の障害、疾病等の理由により、当該利用者又は当該家族等が家事を行うことが困難であるものに対して、生活援助（調理、洗濯、掃除等の家事の援助であって、これを受けなければ日常生活を営むのに支障が生ずる介護保険法（平成9年法律第123号。以下「法」という。）第8条第2項に規定する居宅要介護者に対して行われるものをいう。）が中心である指定訪問介護を行った場合に所定単位数を算定する。

4　ハについては、利用者に対して、通院等のため、指定訪問介護事業所の訪問介護員等が、自らの運転する車両への乗車又は降車の介助を行うとともに、併せて、乗車前若しくは降車後の屋内外における移動等の介助又は通院先若しくは外出先での受診等の手続き、移動等の介助（以下「通院等乗降介助」という。）を行った場合に1回につき所定単位数を算定する。

5　身体介護が中心である指定訪問介護を行った後に引き続き所要時間20分以上の生活援助が中心である指定訪問介護を行った場合（イ(1)の所定単位数を算定する場合を除く。）は、イの所定単位数にかかわらず、イの所定単位数に当該生活援助が中心である指定訪問介護の所要時間が20分から計算して25分を増すごとに67単位（201単位を限度とする。）を加算した単位数を算定する。

6　イ及びロについては、別に厚生労働大臣が定める要件を満たす場合であって、同時に2人の訪問介護員等が1人の利用者に対して指定訪問介護を行ったときは、所定単位数の100分の200に相当する単位数を算定する。

7　夜間（午後6時から午後10時までの時間をいう。以下同じ。）又は早朝（午前6時から午前8時までの時間をいう。以下同じ。）に指定訪問介護を行った場合は、1回につき所定単位数の100分の25に相当する単位数を所定単位数に加算し、深夜（午後10時から午前6時までの時間をいう。以下同じ。）に指定訪問介護を行った場合は、1回につき所定単位数の100分の50に相当する単位数を所定単位数に加算する。

8　別に厚生労働大臣が定める基準に適合しているものとして都道府県知事に届け出た指定訪問介護事業所が、利用者に対し、指定訪問介護を行った場合は、当該基準に掲げる区分に従い、1回につき次に掲げる単位数を所定単位数に加算する。ただし、特定事業所加算(Ⅲ)及び特定事業所加算(Ⅴ)を同時に算定する場合を除き、次に掲げるいずれかの加算を算定している場合においては、次に掲げるその他の加算は算定しない。

(1)　特定事業所加算(Ⅰ)　所定単位数の100分の20に相当する単位数
(2)　特定事業所加算(Ⅱ)　所定単位数の100分の10に相当する単位数
(3)　特定事業所加算(Ⅲ)　所定単位数の100分の10に相当する単位数
(4)　特定事業所加算(Ⅳ)　所定単位数の100分の5に相当する単位数
(5)　特定事業所加算(Ⅴ)　所定単位数の100分の3に相当する単位数

9　共生型居宅サービス（指定居宅サービス基準第2条第7号に規定する共生型居宅サービスをいう。以下同じ。）の事業を行う指定居宅介護事業者（指定障害福祉サービス等基準第5条第1項に規定する指定居宅介護事業者をいう。）が当該事業を行う事業所（以下この注において「共生型居宅サービスを行う指定居宅介護事業所」という。）において、居宅介護従業者基準第1条第4号、第9号、第14号又は第19号から第22号までに規定する者が共生型訪問介護（指定居宅サービス基準第39条の2に規定する共生型訪問介護をいう。以下この注において同じ。）を行った場合は、1回につき所定単位数の100分の70に相当する単位数を算定し、共生型居宅サービスを行う指定居宅介護事業所において、居宅介護従業者基準第1条第5号、第10号又は第15号に規定する者が共生型訪問介護を行った場合は、1回につき所定単位数の100分の93に相当する単位数を算定し、共生型居宅サービスの事業を行う重度訪問介護に係る指定障害福祉サービスの事業を行う者が当該事業を行う事業所において共生型訪問介護を行った場合は、1回につき所定単位数の100分の93に相当する単位数を算定する。

10　指定訪問介護事業所の所在する建物と同一の敷地内若しくは隣接する敷地内の建物若しくは指定訪問介護事業所と同一の建物（以下この注において「同一敷地内建物等」という。）に居住する利用者（指定訪問介護事業所における1月当たりの利用者が同一敷地内建物等に50人以上居住する建物に居住する利用者を除く。）又は指定訪問介護事業所における1月当たりの利用者が同一の建物に20人以上居住する建物（同一敷地内建物等を除く。）に居住する利用者に対して、指定訪問介護を行った場合は、1回につき所定単位数の100分の90に相当する単位数を算定し、指定訪問介護事業所における1月当たりの利用者が同一敷地内建物等に50人以上居住する建物に居住する利用者に対して、指定訪問介護を行った場合は、1回につき所定単位数の100分の85に相当する単位数を算定する。

11　別に厚生労働大臣が定める地域に所在する指定訪問介護事業所（その一部として使用される事務所が当該地域に所在しない場合は、当該事務所を除く。）又はその一部として使用さ

れる事務所の訪問介護員等が指定訪問介護を行った場合は、特別地域訪問介護加算として、1回につき所定単位数の100分の15に相当する単位数を所定単位数に加算する。

12　別に厚生労働大臣が定める地域に所在し、かつ、別に厚生労働大臣が定める施設基準に適合する指定訪問介護事業所（その一部として使用される事務所が当該地域に所在しない場合は、当該事務所を除く。）又はその一部として使用される事務所の訪問介護員等が指定訪問介護を行った場合は、1回につき所定単位数の100分の10に相当する単位数を所定単位数に加算する。

13　指定訪問介護事業所の訪問介護員等が、別に厚生労働大臣が定める地域に居住している利用者に対して、通常の事業の実施地域（指定居宅サービス基準第29条第5号に規定する通常の事業の実施地域をいう。）を越えて、指定訪問介護を行った場合は、1回につき所定単位数の100分の5に相当する単位数を所定単位数に加算する。

14　イについて、利用者又はその家族等からの要請に基づき、指定訪問介護事業所のサービス提供責任者（指定居宅サービス基準第5条第2項のサービス提供責任者をいう。以下同じ。）が指定居宅介護支援事業所（指定居宅介護支援等の事業の人員及び運営に関する基準（平成11年厚生省令第38号）第2条第1項に規定する指定居宅介護支援事業所をいう。以下同じ。）の介護支援専門員と連携し、当該介護支援専門員が必要と認めた場合に、当該指定訪問介護事業所の訪問介護員等が当該利用者の居宅サービス計画（法第8条第23項に規定する居宅サービス計画をいう。以下同じ。）において計画的に訪問することとなっていない指定訪問介護を緊急に行った場合は、1回につき100単位を加算する。

15　利用者が短期入所生活介護、短期入所療養介護若しくは特定施設入居者生活介護又は定期巡回・随時対応型訪問介護看護、小規模多機能型居宅介護、認知症対応型共同生活介護、地域密着型特定施設入居者生活介護、地域密着型介護老人福祉施設入所者生活介護若しくは複合型サービスを受けている間は、訪問介護費は、算定しない。ただし、定期巡回・随時対応型訪問介護看護を受けている利用者に対して、通院等乗降介助の提供を行った場合は、ハの所定単位数を算定する。

ニ　初回加算　200単位

注　指定訪問介護事業所において、新規に訪問介護計画を作成した利用者に対して、サービス提供責任者が初回若しくは初回の指定訪問介護を行った日の属する月に指定訪問介護を行った場合又は当該指定訪問介護事業所のその他の訪問介護員等が初回若しくは初回の指定訪問介護を行った日の属する月に指定訪問介護を行った際にサービス提供責任者が同行した場合は、1月につき所定単位数を加算する。

ホ　生活機能向上連携加算

（1）　生活機能向上連携加算(I)　100単位

（2）　生活機能向上連携加算(II)　200単位

注

1　(1)について、サービス提供責任者が、指定訪問リハビリテーション事業所（指定居宅サービス基準第76条第1項に規定する指定訪問リハビリテーション事業所をいう。以下同じ。）、指定通所リハビリテーション事業所（指定居宅サービス基準第111条第1項に規定する指定

通所リハビリテーション事業所をいう。以下同じ。）又はリハビリテーションを実施している医療提供施設（医療法（昭和23年法律第205号）第1条の2第2項に規定する医療提供施設をいい、病院にあっては、許可病床数が200床未満のもの又は当該病院を中心とした半径4キロメートル以内に診療所が存在しないものに限る。注2において同じ。）の医師、理学療法士、作業療法士又は言語聴覚士の助言に基づき、生活機能の向上を目的とした訪問介護計画を作成し、当該訪問介護計画に基づく指定訪問介護を行ったときは、初回の当該指定訪問介護が行われた日の属する月に、所定単位数を加算する。

2　(2)について、利用者に対して、指定訪問リハビリテーション事業所、指定通所リハビリテーション事業所又はリハビリテーションを実施している医療提供施設の医師、理学療法士、作業療法士又は言語聴覚士が、指定訪問リハビリテーション（指定居宅サービス基準第75条に規定する指定訪問リハビリテーションをいう。以下同じ。）、指定通所リハビリテーション（指定居宅サービス基準第110条に規定する指定通所リハビリテーションをいう。以下同じ。）等の一環として当該利用者の居宅を訪問する際にサービス提供責任者が同行する等により、当該医師、理学療法士、作業療法士又は言語聴覚士と利用者の身体の状況等の評価を共同して行い、かつ、生活機能の向上を目的とした訪問介護計画を作成した場合であって、当該医師、理学療法士、作業療法士又は言語聴覚士と連携し、当該訪問介護計画に基づく指定訪問介護を行ったときは、初回の当該指定訪問介護が行われた日の属する月以降3月の間、1月につき所定単位数を加算する。ただし、(1)を算定している場合は、算定しない。

ヘ　認知症専門ケア加算

注　別に厚生労働大臣が定める基準に適合しているものとして都道府県知事に届け出た指定訪問介護事業所において、別に厚生労働大臣が定める者に対して専門的な認知症ケアを行った場合は、当該基準に掲げる区分に従い、1日につき次に掲げる所定単位数を加算する。ただし、次に掲げるいずれかの加算を算定している場合においては、次に掲げるその他の加算は算定しない。

(1)　認知症専門ケア加算(I)　3単位

(2)　認知症専門ケア加算(II)　4単位

ト　介護職員処遇改善加算

注　別に厚生労働大臣が定める基準に適合している介護職員の賃金の改善等を実施しているものとして都道府県知事に届け出た指定訪問介護事業所が、利用者に対し、指定訪問介護を行った場合は、当該基準に掲げる区分に従い、令和6年3月31日までの間、次に掲げる単位数を所定単位数に加算する。ただし、次に掲げるいずれかの加算を算定している場合においては、次に掲げるその他の加算は算定しない。

(1)　介護職員処遇改善加算(I)　イからヘまでにより算定した単位数の1000分の137に相当する単位数

(2)　介護職員処遇改善加算(II)　イからヘまでにより算定した単位数の1000分の100に相当する単位数

(3)　介護職員処遇改善加算(III)　イからヘまでにより算定した単位数の1000分の55に相当する単位数

チ　介護職員等特定処遇改善加算

　　注　別に厚生労働大臣が定める基準に適合している介護職員等の賃金の改善等を実施しているも
　　　のとして都道府県知事に届け出た指定訪問介護事業所が、利用者に対し、指定訪問介護を行っ
　　　た場合は、当該基準に掲げる区分に従い、次に掲げる単位数を所定単位数に加算する。ただし、
　　　次に掲げるいずれかの加算を算定している場合においては、次に掲げるその他の加算は算定し
　　　ない。

　　　⑴　介護職員等特定処遇改善加算(Ⅰ)　イからへまでにより算定した単位数の1000分の63に相当
　　　　する単位数

　　　⑵　介護職員等特定処遇改善加算(Ⅱ)　イからへまでにより算定した単位数の1000分の42に相当
　　　　する単位数

リ　介護職員等ベースアップ等支援加算

　　注　別に厚生労働大臣が定める基準に適合している介護職員等の賃金の改善等を実施しているも
　　　のとして都道府県知事に届け出た指定訪問介護事業所が、利用者に対し、指定訪問介護を行っ
　　　た場合は、イからへまでにより算定した単位数の1000分の24に相当する単位数を所定単位数に
　　　加算する。

おわりに（これからの訪問介護について）

　介護人材の不足がますます深刻化していることは「はじめに」でも述べました。中でもホームヘルパーは、資格要件を満たす必要があることや就労の場が利用者宅であること、さらには、いかなる天候でも車の運転や自転車などを使用し訪問しなければならないことなどの特徴的な要因もあってか、特に深刻さを増しています。しかし、間違いなく「要介護状態になっても自宅で生活を続けたい」という国民の希望を叶えるための要のサービスとして訪問介護は「君臨」しています。そこで働く私たちホームヘルパーは、これからも介護保険制度の要としての専門職であるといえます。

　一方、経営的な観点からみると、訪問介護事業者は今後激変していく世の中で事業を継続させるために、様々な決断を強いられるようになるかもしれません。訪問介護事業者は比較的小規模の法人による運営が多い傾向にあります。そのため、今後は不足する人材確保の観点や業務効率化の観点から、大規模事業者化を図らないと経営的にかなり厳しい状況になるかもしれません。さらに、地域性はあるにせよ、定期巡回随時対応型訪問介護看護が利便性の観点から促進されていくでしょう。通常の訪問介護のルールが除外され、見守りや安否確認を目的とした短時間訪問や、2時間の間隔を空けずとも訪問できるなどのフレキシブルなサービスが利用者の生活を支えるうえで有効になると思われます。しかも報酬は定額制のため利用頻度による自己負担の変動などの経済的な懸念も回避できます。

　さらに、地域によっては深刻な介護職不足の対策として、利用者の生活の集合化が促進されるかもしれません。サービス付き高齢者向け住宅などの居住系施設の推進です。現行では不適切なサービスの提供の懸念など様々な課題が指摘されていますが、特定施設化や定期巡回随時対応型訪問介護看護サービスなどの定額制サービスの併用などで、指摘されている課題も概ね回避できます。

　そして、介護業界にも導入が加速していくICTなどの科学技術の活用にも対応していくことは不可欠です。ホームヘルパーの高齢化が指摘され、ICTへのリテラシーが課題となっていますが、これからの訪問介護サービスの提供においてICTの活用による業務効率化や多職種連携の強化は必須といってもよいでしょう。

　このように、変わりゆく時代の状況に合わせた訪問介護事業の展開を視野に入れておくことが望まれます。そのような流れの中でも、私たちホームヘルパーの存在意義と専門性は変わりません。いかなる事業形態であっても、私たちはホームヘルパーとしてのプライドを見失わないことです。常に高度な専門性を身に付けていく努力を忘れてはいけません。そして魅力ある職種であることを私たち自身が社会に向けて発信していくことです。

　これからも日本の高齢社会を支える要の専門職として、私たちは研鑽を怠らず活動を続けていきましょう！

　本書籍を出版するにあたって、初版から丁寧にご指導を賜りました㈱ぎょうせい　出版事業部の小高方展様が2022年10月に急逝されました。ここに謹んでお悔やみ申し上げますとともに、ご冥福をお祈り申し上げます。

能本守康

茨城県訪問介護協議会

〒310-0851　茨城県水戸市千波町1918　茨城県総合福祉会館5階
一般社団法人　茨城県福祉サービス振興会内
電話 029-243-8561　FAX 029-241-6799

Q＆A　訪問介護サービスのグレーゾーン
第4次改訂版
～適正な介護サービス費算定のためのガイドライン～

令和5年3月31日　　第1刷発行

編　著　　能本　守康
発　行　　株式会社 ぎょうせい

〒136-8575　東京都江東区新木場1-18-11
URL：https://gyosei.jp

フリーコール　0120-953-431
ぎょうせい　お問い合わせ　検索　https://gyosei.jp/inquiry/

〈検印省略〉

印刷　ぎょうせいデジタル㈱
※乱丁、落丁本はお取り替えいたします。　　　　　　　　　©2023 Printed in Japan

ISBN978-4-324-11234-2
(5108848-00-000)
［略号：グレーゾーン（4訂）］